自然大发现系列

菜 园 大 发 现

（奥）莱奥诺蕾· 盖塞尔布莱希特-塔费尔纳 / 著

（波）卡西娅·桑德尔 / 绘　　励洁丹 / 译

追踪蔬菜类
全年适用的实验、游戏、创意活动、故事及菜谱

ZHEJIANG UNIVERSITY PRESS
浙江大学出版社

图书在版编目（CIP）数据

自然大发现. 菜园大发现 / （奥）莱奥诺蕾·盖塞尔布莱希特–塔费尔纳著；励洁丹译；（波）卡西娅·桑德尔绘. — 杭州：浙江大学出版社，2018.1
ISBN 978-7-308-17338-4

Ⅰ. ①自… Ⅱ. ①莱… ②励… ③卡… Ⅲ. ①科学知识 – 普及读物 Ⅳ. ① Z228
中国版本图书馆 CIP 数据核字（2017）第 216176 号

Autorin	Leonore Geißelbrecht-Taferner
Illustratorin	Kasia Sander
Satz	art applied · Medienproduktion Hennes Wegmann, Münster
Notensatz	Ja.Ro-Music, Taunusstein
ISBN	978-3-86702-015-2

版权合同登记号　图字 11–2017–346 号

自然大发现：菜园大发现

（奥）莱奥诺蕾·盖塞尔布莱希特–塔费尔纳 / 著
（波）卡西娅·桑德尔 / 绘　　励洁丹 / 译

选题策划	平　静
责任编辑	平　静　吴美红
责任校对	秦　瑕
装帧设计	鹿鸣文化
排　　版	杭州兴邦电子印务有限公司
出版发行	浙江大学出版社
	（杭州市天目山路 148 号　邮政编码 310007）
	（网址：http://www.zjupress.com）
印　　刷	浙江海虹彩色印务有限公司
开　　本	889mm×1194mm　1/16
印　　张	9.25
字　　数	215 千
版 印 次	2018 年 1 月第 1 版　2018 年 1 月第 1 次印刷
书　　号	ISBN 978-7-308-17338-4
定　　价	40.00 元

前　言

"不要！我不要再吃蔬菜！"只要一提到蔬菜，我家的孩子们经常发出这样的哀叹。

首先要声明的是：这本书并不是简单为了教育孩子们要爱上吃蔬菜！

本书涉及的内容并非出于此目的，而是想让孩子们调动所有感官来感知蔬菜。通过视觉、嗅觉和触觉，把蔬菜当作艺术品、玩具、创作材料或者实验对象。

如果孩子们喜欢吃这些蔬菜，那就能更好地将乐趣、游戏和想象力结为一体。把土豆做成马铃薯瓢虫的样子煎烤好端上桌，这根本不是种折磨，正好相反，大家都会喜欢吃！

我认识一位名叫西罗的意大利艺术家，他加工了看似无用、遭人遗弃的物品。比如他组装或者修补生锈的钉子、螺丝、门锁，由此创作出一件件艺术品，让它们重新焕发生命力，引人注目。

从这个角度来看，菜园小侦探们在这本书里也会有满满的收获：歪歪扭扭的黄瓜或者根部分裂开叉的胡萝卜正好可以被当作某种动物或者某个人物造型——只不过有可能缺了只眼睛。还有许多原本会被随意丢弃的蔬菜部分，比如西红柿的根蒂，也都可以物尽其用。

在这里，侦探般的敏锐眼光也常常是不可缺少的。我想要让大家注意到大自然的一些小奇迹，它们原本隐藏在蔬菜堆里毫不起眼，我们只有在敏锐、仔细的观察中才会有所发现。举个例子，您注意到玉米植株有支柱根了吗？有没有发现西红柿的种子看起来就像刺猬一样？

在游戏过程中，不能忽略的还有另一个特别实际的因素：蔬菜是一种便宜的材料，特别是当季或者自家种植的蔬菜。

在此，我也祝愿所有大侦探和小侦探们在蔬菜的世界里都能有精彩的大发现，就像我和我们家曾经"厌恶蔬菜"的孩子们共同经历的那样！

莱奥诺蕾·盖塞尔布莱希特-塔费尔纳

导 语

蔬菜，随处可觅，易于种植，而且是健康食品！

蔬菜还有神奇的用途：它能激发孩子们侦探般的觉察力，让他们的想象力展翅高飞。

从豆类开始，孩子们能调动所有感官来发掘并感知最受欢迎的蔬菜。

- 本书能帮助孩子们认识到每种蔬菜的特征，书中会用记事条的形式来介绍这些特征，其中包括各类植物及其近亲的特点、功用和特殊生存技能，比如它们的起源、实用性、生存方式、特点、适应能力及作用。
- 在操作部分，孩子们能运用所有感官了解这些特征，通过小实验自己动手发现它们，并通过各类拓展游戏深入了解它们。
- 作为补充内容，每一章中还包括了各类操作和创意活动、简单的菜谱、故事、歌谣和诗歌。
- 每章结尾部分会针对**在自家菜园种植蔬菜给出一些建议和窍门**，孩子们可以从中找到如何在菜畦、阳台或窗台上自己动手种植蔬菜的实用信息。

方法与提示

书中按顺序分别介绍孩子们喜欢的蔬菜。在最后一章则会有一个蔬菜大汇总。

每章开头都会有一个**通缉令**，可以让孩子们清楚地认识并了解各类蔬菜植株，包括其成熟、结果之前的形态。

各个章节还会以记事条的形式逐一介绍各类蔬菜的特征，其中包括蔬菜所具备的典型特征和有趣功能，这些都是孩子们应该了解的。

随后还安排了相应的各种**操作活动**，在这些活动中，孩子们可以用多种方式把他们新学到的知识"付诸实践"：在家里和菜园里做实验，玩游戏，做菜，劳动，做手工……

操作活动的选择和顺序都可以自由安排，也可以把不同章节中的活动组合成一个主题，比如：

拼插作品

用牙签和蔬菜来做手工：菜豆、胡萝卜、土豆和黄瓜。

种子萌芽

用菜豆、豌豆和玉米做实验。

好玩的蔬菜

趣味烹调和美食：土豆、豌豆、玉米、洋葱。

放大镜的秘密

仔细观察：洋葱、菜豆、胡萝卜。

每章结束时都会给出一些建议和小窍门，方便读者自己动手种植各类蔬菜，其中最重要的是：很多园艺活动不需要大的菜园也能开展，窗台或者一个小阳台往往就已经足够了。

目　录

菜豆
攀缘好手，充满活力的种子

菜豆，又称四季豆、芸豆等。菜豆植株是攀缘高手，它们能毫不费劲地爬上树木，缠上帐篷上的支柱，密密麻麻地在上面搭成一个厚实的帐篷。豆荚和种子不但可以作为手工和实验原材料，甚至也能当作棋子给孩子们玩。来一次狂热的菜豆节吧，来决定哪些豆子能放进最后赢得的大蛋糕里！

通缉令

花：紫色、白色或红色（红花菜豆）的蝶形花，自花授粉。

果：豆荚中最多可以有9颗菜豆种子；种子的颜色根据菜豆类型各有不同（红花菜豆的种子是紫色的，上面有黑色花纹）；豆荚一般都是闭合的（晒干后裂开）。

叶：会翩翩舞动（晚上低垂，早上又会舒展上扬）。

有何特殊之处？

- 攀缘植物。
- 生果实有毒。
- 子叶是营养成分的储备所在。

茎：左缠绕攀缘。

根：有根瘤（其中含有固氮菌）。

开花期							
成熟期							
	四月	五月	六月	七月	八月	九月	十月

菜豆生机勃勃

每一颗菜豆都隐藏着勃勃生机，尽管它们的外表看起来干枯乏味，毫无生趣，但只要一点水就能让它们从沉睡中苏醒。菜豆种子在萌芽之前会吸收水分，膨润变软，胀大到原来的两倍。几天之后，"接缝口"，也就是豆脐，会裂开，豆子就开始发芽了，不久之后，就会冒出嫩嫩的小绿叶。

看一看&试一试

菜豆种子的奇迹

在这个实验活动中，孩子们会观察到大自然中的一个奇迹。

年龄： 6 岁以上

材料： 多粒红花菜豆的种子，放大镜，盛有水的碗，铅笔。

第一天，每个人会拿到两颗干菜豆，把其中一颗放进水里。

观察其中一颗干菜豆，把它切开，或者用拇指指甲把它划开，在放大镜下仔细观察各个部分。

孩子们会发现种种不同之处：

种皮： 种皮是用来保护种子的，避免它们受伤或晒干；

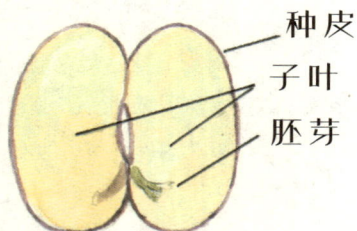

子叶： 子叶是储藏室，用来储备胚芽发育所需要的所有养分；

胚芽： 是子叶间的构成物。

第二天，孩子们从水中拿出浸泡过的菜豆，并把它与干菜豆比较。在水中浸泡过的菜豆：

- 吸收了水分
- 差不多有原来的两倍重
- 胀大了很多

（如果按照这两颗种子的大小依边缘分别画下它们的轮廓，就能更清楚地看出其中的大小差异）

同样可以用拇指指甲划开浸泡过的菜豆，把它放在放大镜下观察。孩子们可以从中看到不同的变化：

菜豆的皮变得褶皱不平，有点胀开。

子叶和胚芽大了很多。

种子在浸泡过程中吸收了水分，因为受到吸纳进去的水分带来的压力，种皮开始胀裂。原本在干燥的菜豆中就已经清晰可见的胚芽变得愈发大，而且因为吸了水而开始萌芽生长。

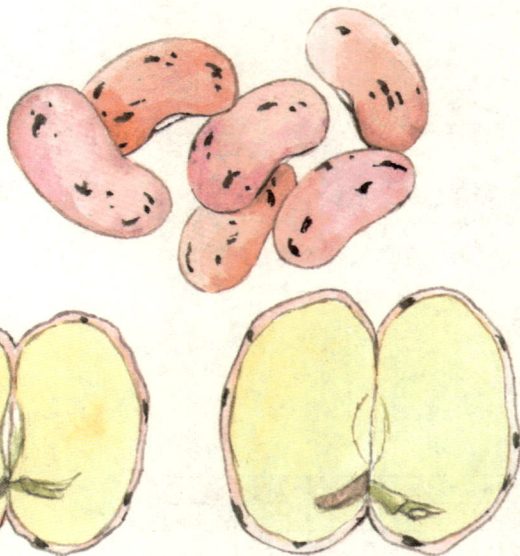

种皮
子叶
胚芽

干燥的菜豆

在水中浸泡了一天的菜豆

在水中浸泡了两天的菜豆

冲破塞子的菜豆

因为吸收了水分，菜豆需要更多的空间，而且它们会使出强大的力量来为自己争取空间！

古希腊人就曾利用膨胀的种子在发芽生长过程中产生的力量来切割石块：他们在想要切分的地方钻一些小孔，塞入种子和水。

年龄：4 岁以上

材料：菜豆种子，带有软木塞的玻璃管（比如用来装香子兰豆荚的玻璃管），水。

把菜豆种子塞入玻璃管里，塞满为止，然后注入水，用一个合适的软木塞塞住。种子开始慢慢吸水膨胀。它们会利用玻璃管中所有可能的空间，把管子塞得满满当当。种子渐渐需要更大的空间，因此，玻璃管里的压力也变得越来越大。一两天之后，由于里面的压力过大，软木塞会弹出来。

为什么所有的菜豆都有一道缝

（改编自格林童话）

从前，一根秸秆、一块煤和一颗菜豆想做一次长途旅行。它们已走过了很多地方，有一天，它们来到了一条小河边，因为没有桥，所以没法儿过去。秸秆终于想出一个办法：它躺下来横架在小河上，这样其他两位伙伴就可以踩着它过河了。煤先上去，菜豆紧随其后。煤慢悠悠地横走过去，菜豆小跑跟在后面。但就在煤踩着秸秆走到一半时，突然煤身上开始烧了起来，而且越烧越旺，最后嘶嘶叫着掉下水了。秸秆也被烧成两截，掉进水里漂走了。原本跟在后面的菜豆也顺势滑了下去，落入了水中，但它奋力地游向岸边自救。期间因为喝了太多水，菜豆胀裂了，最后被冲到了岸上。幸运的是，此时岸边正坐着一位裁缝，他刚巧坐在那儿歇脚。裁缝自然随身携带着针线，于是，他把胀裂了的菜豆又缝了起来。自此之后，所有的菜豆身上就都会有一道缝。

哪颗胚芽运气最好？

假如没有氧气和水，（菜豆）种子就不能发芽。

年龄：6 岁以上

材料：3 只果酱瓶，红花菜豆，厨房用纸，水。

准备 3 只玻璃瓶：一个保持干燥，一个铺好沾湿的厨房纸，一个灌满水。

在每个玻璃瓶里各放入 3 颗菜豆，盖紧瓶子，把它们放在能照到阳光的窗台上。

发生了什么？

3 天之后，在铺有湿润厨房纸的瓶中，菜豆都开始发芽，而其余瓶子里的菜豆则没有萌芽。

这是为什么呢？

- 干燥的玻璃瓶里缺少水分。
- 在灌满水的玻璃瓶里，虽然种子也会吸水膨胀，但因为缺少氧气，它们也不会发芽。

菜豆种子是怎么发芽的？

有兴趣进一步研究的孩子们可以继续观察在铺有湿润厨房纸的玻璃瓶中，之后发生了什么……

发生了什么？

- 2～3 天后，菜豆的胚芽冒了出来。菜豆一旦开始发芽，"接缝"就会胀裂，胚根随之伸了出来。菜豆慢慢地分成了两部分，而种皮也开始渐渐脱落。

- 大概 5 天之后，长着子叶的幼芽冒了出来，而胚根则变得越来越长。

- 一周之后，茎干变得很长，而子叶也舒展开来，长成了嫩绿的叶子。

从此时开始，菜豆就需要土壤了，因为水和空气已经无法满足它们的生长。

固执而神奇的豆茎

菜豆是真正的攀缘植物，它们会沿着竿子逆时针攀缘生长。如果刻意给它们换个方向，让豆茎顺时针攀着竿子爬，那么，它们就会"松解"开，然后"调头"重新朝逆时针方向缠绕而上。

菜豆可以缠上帐篷的支柱，攀着树木不断往上生长。菜豆的这一特征也给很多作家带来了无尽的灵感：在童话《杰克和豆茎》里，有一颗魔豆一直向上长到了天上，而且还像梯子一样可以让人踩着往上爬，也因此帮助可怜的杰克获得了巨大的财富。在敏希豪森的故事中，土耳其豆一直长到了弯弯的月亮上，而且还攀附缠绕在了半钩月的尖端。吹牛大王也因此才能敏捷地爬到月亮上去，而当他要沿着原路爬回来时，豆茎却干枯断裂了，只不过敏希豪森又想出了另一个疯狂的法子。

试一试 & 玩游戏

窗台奥运会

谁的菜豆最能干？
年龄：4岁以上
材料：菜豆种子，花盆或者阳台上种花的木槽，花泥，支撑豆蔓的竿子，写有名字的牌子。

每个人都把自己的菜豆种到放有泥土的花盆里（或者所有的孩子都把菜豆依次种到一个大木槽里），并在边上插上支起豆蔓的竿子，同时用一块写着名字的小牌子做标记。

孩子们把种好的菜豆放到外面，一般放到窗台上就行了。

现在，各种菜豆比赛就可以开始了：
● 谁的菜豆最先从土里长出来？
● 哪颗豆子长得最快？（需要不断测量）
● 哪颗豆子的茎最先缠着竿子往上爬？
● 哪颗豆子的茎沿着竿子绕了最多的圈？
● 谁的豆子最先开花？……

试一试

改变方向

菜豆会沿着支杆逆时针方向生长。那它们能被"改造"吗？
年龄：6岁以上
材料：幼小的菜豆植株（刚刚长出卷须），支撑豆蔓的竿子，绳子。

把豆茎沿着顺时针方向（也就是与其原本方向相反）缠绕在竿子上或者松松地绑在上面。

发生了什么？

很快，豆茎就滑到了下面，然后，按照"菜豆的天性"，也就是沿着逆时针方向，重新爬上竿子。在这个方面，菜豆从来都是无比固执的！

逆时针生长

正确的方向

让人晕头转向的游戏!

年龄: 5 岁以上

材料: 舞曲,哨子或者小喇叭。

两个人一组围成圆圈并顺着任意一个方向跳舞,在裁判给出示意之后(吹响哨子或者小喇叭),他们就必须换个方向继续跳,音乐将在某个时候停止(裁判关掉录音机),此时,谁正好顺着正确的方向(菜豆的生长方向)在跳舞,就可以留下来,而其他人就得"滑"下去(蹲下来)被淘汰。最后留下来而且头不晕的一组小朋友赢得比赛。

菜豆之屋 — 豆荚

豆荚会保护菜豆,并为其提供养分。在鲜嫩厚实的豆荚中,菜豆用豆脐把自己和豆荚连接起来,由此获得养分。一旦菜豆完全成熟,豆脐就会从豆荚上脱落(已经不再需要豆荚提供养分了)。随之,豆荚就会变成灰褐色,并且干枯易破。成熟的菜豆很容易被剥开。

剥新鲜的豆荚就像掰开华夫饼那样:豆荚的末端有一条缝线,只要把这条线撕下来,豆荚就被剥开了。这是件非常好玩儿的事!

菜豆的豆荚会因为菜豆品种不同而拥有不同的颜色。比如架菜豆、绿菜豆或红花菜豆就分别会有黄色、绿色和紫色的豆荚。豆荚和里面的豆子都是非常奇妙的手工材料。

海豚

豆荚喙和其他

菜豆豆荚上各种喙的形状可以激发丰富的想象力。

年龄: 3 岁以上

材料: 新鲜的菜豆豆荚(红花菜豆或者架菜豆),菜豆,牙签。

可以用整个豆荚或只是豆荚的一部分。

用牙签把豆荚变成"拥有尖嘴的豆荚动物"(海豚、蜂鸟、老鼠、昆虫、蜥蜴等)或者"有尖头的"东西(飞机、帆船、海盗船、针筒、吸血鬼的牙齿、箭筒、伯尔尼小香肠等等)。牙签可以当作"插件"或者脚、桨和翼。

年龄小的孩子特别喜欢玩这个游戏,而且热衷于"乱"插牙签,比如在做箭筒或针筒的时候就很可能这么干。做某些物件的时候还会用到菜豆种子,比如在做船上和飞机上的乘客时。

提示:

● 豆荚作品保存时间很短(没几天)。所以最好趁新鲜赶紧拍照!

● 生菜豆是有毒的——千万不能吃!

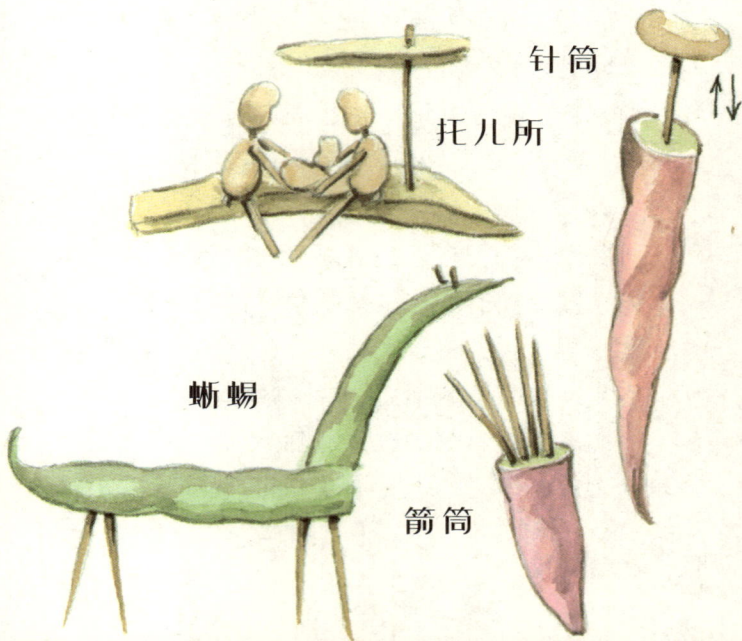

针筒

托儿所

蜥蜴

箭筒

玩游戏

酸黄瓜时节

因为盛夏的时候一般没什么事发生，因此"酸黄瓜时节"这个词也被新闻界挪用了：夏天有几个礼拜一般没什么可报道的新闻，所以报纸上往往会刊登比平常更多的鸡毛蒜皮和稀奇古怪的事件。那么，这些报道里有哪些内容会是真的呢？

年龄：5 岁以上

材料：2 张地毯或垫子，2 张纸牌（一张上面写着"真"，另一张上面写着"假"），刊登着真真假假新闻的自制报纸，奖励（酸味水果卷糖等）。

游戏主持人铺好两张地毯，其中一张放上写着"假"的红色牌子，另一张放上写着"真"的绿色牌子。

认真倾听游戏主持人读报纸里稀奇古怪的报道，其中有些报道是假的，有些是真实的。

根据自己对报道真假的判断，孩子们站到对应的地毯上，每一次提问之后，站对位置的可以拿到一块糖。

"酸黄瓜新闻报道"游戏

● 星级厨师保罗·博库斯喜欢做放了笑豌豆的菜，因为它们会在烹煮过程中发出咯咯的笑声。因为他自己也很喜欢笑。（虚假新闻）

● 一位著名钢琴师很不幸地摔断了自己的腕骨。（真实新闻）

● 来自伦敦的最新科学知识：10 公斤酸黄瓜要比 10 公斤新鲜黄瓜轻。（虚假新闻）

● 以色列有人挖到了一个 15 公斤重的土豆，足够让 70 人饱餐一顿，为了庆祝此事，专门组织了一次盛宴。（真实新闻）

黄瓜收割飞机

在收摘黄瓜的时候会用到农用飞机——也就是所谓的黄瓜收割飞机，它们看起来就像滑翔机一样。

这种飞机由一个牵引机组成，左右两侧各装了一块翅膀一样的长平台，这两块平台能掠过地面，上面趴着大约 30 个人，他们用手把黄瓜摘下来，然后放到传送带上。传送带则会把黄瓜送到一个收集器内。采摘黄瓜的飞机大约一分钟移动一米，这样一来，趴在上面的人就会有足够的时间来摘下成熟的黄瓜。

趴在飞机上摘黄瓜是件非常辛苦且需要熟练技能的事。

要是像敏希豪森的故事里那样，在一座酸黄瓜岛上长着酸黄瓜树的话，收摘的活就轻松多啦！

动动手 & 尝一尝

酸黄瓜收割飞机

年龄：3 岁以上

材料：酸黄瓜，牙签。

一架酸黄瓜飞机需要两条小的、一条大的酸黄瓜。

其中两条小的组成机翼，大的那条则作为机身。

用牙签把飞机各部分连接起来。

酸黄瓜收割飞机可以在各种夹了香肠和奶酪的面包上起飞、降落。

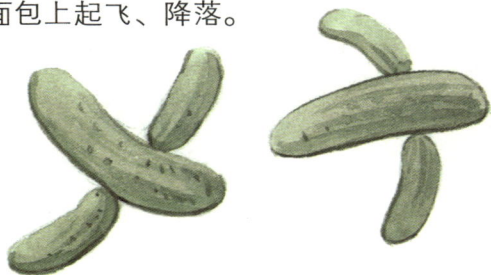

收摘黄瓜

这个游戏能让人体会到收摘劳作的辛苦。

年龄: 3 岁以上

材料: 橡胶手套,小黄瓜或者其他类似形状的美食(比如水果软糖,绿色的糖果,花生形状的薯条),小篮子,计时器。

游戏主持人在一块(干净的)地面上尽可能均匀地放上黄瓜(薯条等)。

每两个为一组,分别扮演黄瓜采摘工人和黄瓜收割飞机。

在听到游戏主持人的指令之后,扮演黄瓜采摘工人的带着橡胶手套在固定时间内(30秒)采摘尽可能多的黄瓜(薯条等)并放进篮子里。30 秒之后和另一个扮演黄瓜收割飞机的人互换角色。结束之后两人一组清点自己的收获。

随后游戏主持人在地上放上新果实,让下一组成员去收摘"黄瓜"。

赢得的奖励当然就是自己的收获物啦!

其他游戏方案: 参与游戏的小伙伴们要立马吃掉这些"黄瓜"!

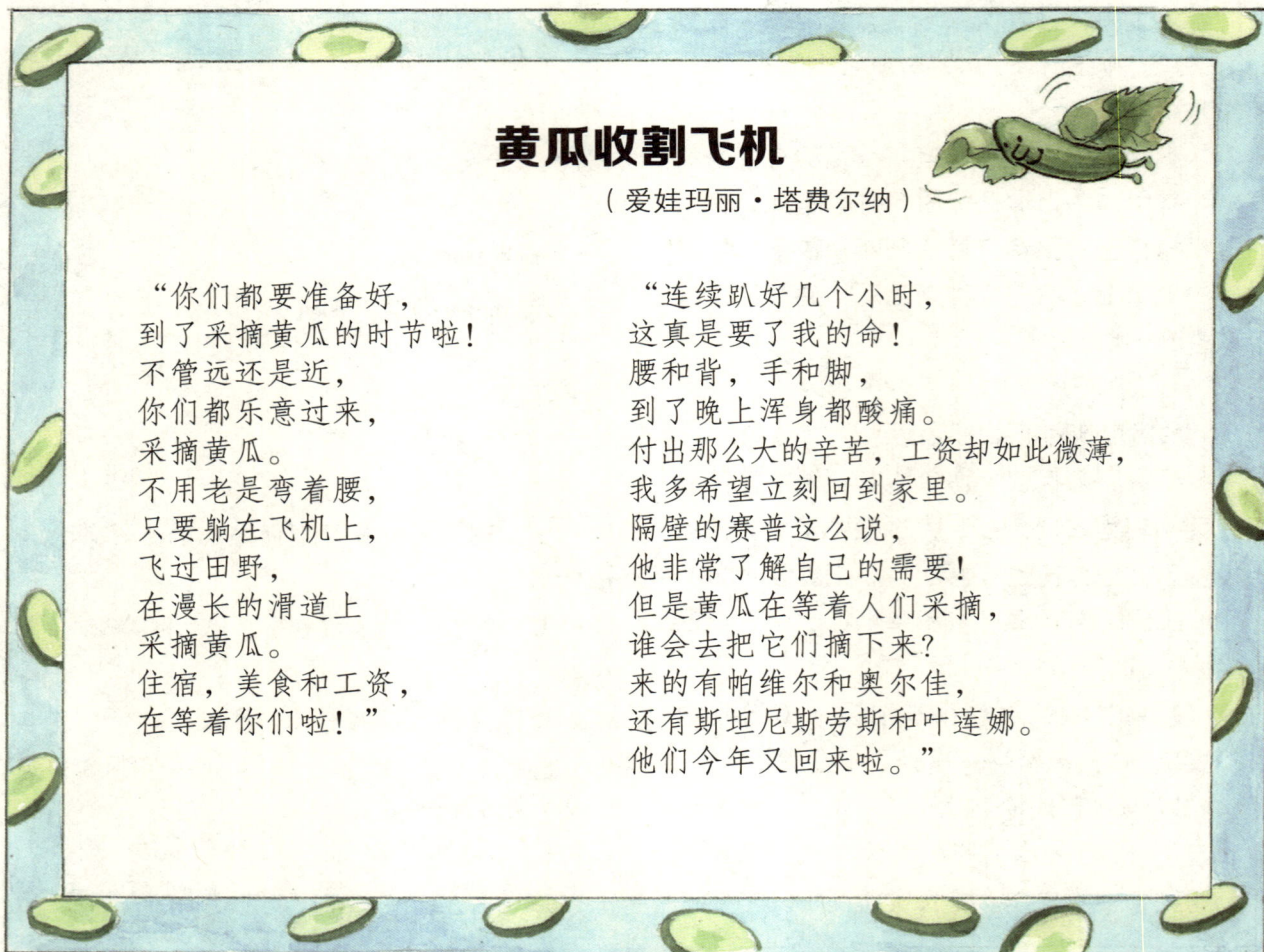

黄瓜收割飞机

(爱娃玛丽·塔费尔纳)

"你们都要准备好,
到了采摘黄瓜的时节啦!
不管远还是近,
你们都乐意过来,
采摘黄瓜。
不用老是弯着腰,
只要躺在飞机上,
飞过田野,
在漫长的滑道上
采摘黄瓜。
住宿,美食和工资,
在等着你们啦!"

"连续趴好几个小时,
这真是要了我的命!
腰和背,手和脚,
到了晚上浑身都酸痛。
付出那么大的辛苦,工资却如此微薄,
我多希望立刻回到家里。
隔壁的赛普这么说,
他非常了解自己的需要!
但是黄瓜在等着人们采摘,
谁会去把它们摘下来?
来的有帕维尔和奥尔佳,
还有斯坦尼斯劳斯和叶莲娜。
他们今年又回来啦。"

菜园种植小贴士

自家菜园种植的建议和窍门：

- 种植并悉心照料一株黄瓜不仅能带来乐趣，照顾得当的话，还能收获很多成果。
- 最简单的当然是从苗圃里买一株黄瓜苗种到自家园子里。
- 黄瓜喜欢日照充沛、有攀爬空间的地方，同时还需要浇充足的水。
- 只要有耐心，也可以等着黄瓜从种子开始发芽生长。

试一试 & 种一种

玻璃罐里的黄瓜

黄瓜在萌芽的时候非常强有力，会挣扎着破土而出。

年龄： 5岁以上

材料： 1个用来装黄瓜的带盖大玻璃罐，泥土，水，黄瓜种子。

玻璃罐里装上半罐泥土，埋入黄瓜种子，略微浇些水，然后盖紧盖子。

发生了什么？

大约一周之后黄瓜种子就开始萌芽了。

它长出了根须和子叶。

等到幼嫩的黄瓜苗顶到盖子的时候，就把它挖出来移植到空地上。

胡萝卜
脆爽的鼻状根茎

几乎每个人都喜欢啃脆脆爽爽的胡萝卜，如果橘红色的萝卜是自己从地里拔出来的，吃起来更加美味，这种带着泥土味的脆甜简直是一种双重享受！胡萝卜还可以变成：鼻子、裤子、笛子、小矮人、鳄鱼……

通缉令

有何特殊之处？

- 两年生草本植物（只有在野生胡萝卜上才看得出来）；只有野生胡萝卜才会结出花和果实。
- 伞形花序的伞辐有吸湿性，会朝一侧弯曲（形成鸟巢形状）。

花：白色或淡粉色的伞形花序，带有羽状分裂苞片；伞形花序中间有"萝卜花"，会吸引甲虫和苍蝇来采蜜。

叶：羽状复叶，莲座状叶丛。

茎：在根与叶相连的部位，一般较短。

根：根系深，根状茎，橘红色，可食用。

	四月	五月	六月	七月	八月	九月	十月
开花期							
成熟期							

胡萝卜还是萝卜

很多人认为，胡萝卜和萝卜是同一种根类蔬菜。猜错啦！

胡萝卜属于伞形花目伞形花科，萝卜属于十字花目十字花科。胡萝卜的花，是典型的伞形花序。萝卜的花，是典型的十字形花。

想一想 & 画一画

新品种

胡萝卜具备人形特征，这非常有助于让人发挥想象创造新品种！

年龄： 6 岁以上

材料： 纸，蜡笔或绘画颜料。

想好特殊的胡萝卜作品，把它们画下来，并描述其特征。

比如以下作品：

● 超酷的胡萝卜（戴着太阳眼镜的胡萝卜），避免在自家花园里被晒伤。

● 萨瓦纳胡萝卜（画上白色和橘色条纹的胡萝卜），巧妙的伪装色。

● 紧身腰围的胡萝卜（胡萝卜中间有一圈瘦瘦的美人腰），特别适合减肥疗法。

● 胡萝卜妈妈（体态丰满的胡萝卜），非常富态。

超酷的胡萝卜

萨瓦纳胡萝卜

胡萝卜妈妈

紧身腰围的胡萝卜

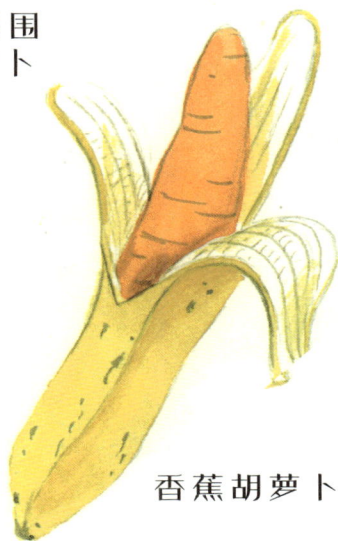

香蕉胡萝卜

野生胡萝卜

胡萝卜的野生形态，也就是野生胡萝卜，生长在夏天的干燥草地上，一般是长在路边草地上。这是一种白色伞形花科植物，伞形的花朵由无数朵小花组成，但是从外观看像一朵花，边缘的花朵会略大一些。这是植物用来吸引昆虫的策略，因为小小的一朵花往往会被它们忽视。在野生胡萝卜的伞形花朵中间有一朵像"摩尔人"一样黑乎乎的花朵，这也是胡萝卜在德语中也被称作摩尔的原因！这是野生胡萝卜的最大特征。在其他类似植物上也会有无数的伞形花朵，这些植物很容易与野生胡萝卜混淆在一起，比如有毒的毒参。但只有野生胡萝卜才有这种黑乎乎的花朵，它的作用便是吸引传播花粉的昆虫。

野生胡萝卜的花朵在盛开之后便会像鸟巢一样合上，只有等到种子成熟之后，"鸟巢"才会再张开。

野生胡萝卜种子上有倒刺，因此很容易粘在动物皮毛或人的衣物上，由此被带往各处。从前，细心的主妇们会在播种之前去掉这些倒刺，这样长出来的胡萝卜才会像种子一样"肉质饱满，光滑，而不是乱糟糟的"！

野生胡萝卜的根和人工培植胡萝卜相差甚远，它是纺锤形的，淡白色，较细。尽管味道和胡萝卜类似，但香味更浓，且微辣。这种野生胡萝卜却是人工培植萝卜时用到的"原始根"之一，人们从中培植出了不同的品种。剁碎的野生胡萝卜根放进汤里会散发出特别的香味。

鸟巢般的伞形花序

内有成熟种子的伞形花

看一看

放大镜下的野生胡萝卜花朵

只有在仔细（而且放大）观察时，才能看到大自然的许多小奇迹！

年龄： 5 岁以上

材料： "街边"正在开花或结果的野生胡萝卜植株，放大镜，盛水的容器。

可以在散步的时候寻找野生胡萝卜。（几乎每一处干燥的路边都会生长着这样的胡萝卜！）带回几株并仔细观察（最好用放大镜）。

他们可以发现里面的小特征，比如"会使小花招"的花朵、"鸟巢"和"乱蓬蓬的"种子。

如果他们把结了成熟种子的伞形花朵（可以从向外张开的伞辐看出来）放进盛水容器里，花朵就会在很短的时间内（1～2 分钟）明显地闭合。"鸟巢"合上了，这种"吸湿性"运动可以不断重复进行，不过晾干以及向外张开的过程则需要很长的时间（几个小时）。

野生根茎

在这个活动中可以品尝"原始胡萝卜"。

年龄： 4 岁以上

材料： 小铁锹，一年龄野胡萝卜。

八月到十月期间就可以从地里挖出一年龄野胡萝卜的根并储藏起来。一年龄野胡萝卜只有一丛莲座状叶丛，还没有长出花蕾。这个阶段的根茎很粗壮，还没有长出筋络，也不辣。

谁敢洗一洗就啃一口这样的根呢？

野生胡萝卜香草汤

配料： 2 块野生胡萝卜的根，2 块大土豆，1 把香草（芹菜、独活草、香芹），2 汤匙粗粒小麦粉，盐，3/4 升水。

把野生胡萝卜的根在水中冲刷干净，刨成丝。

香草清洗之后切细。土豆洗净、削皮后切成丁。

水煮开，加入野生胡萝卜、土豆和香草，用文火煮 10 分钟。

加入粗粒小麦粉，继续煮 5 分钟。

汤中放入盐调味，再撒上萝卜花点缀。

胡萝卜是如何结出种子的

播种过胡萝卜的人都知道：小小的种子会长成一株柔嫩的小苗，底下是橘红色的根。羽状的叶子会越来越大、越来越多，最后在地面上形成一簇莲座状的叶丛。而最重要的根部则会一直长大变粗，直到被拔出来食用。

那么，种子在哪里呢？

想要知道这个答案的人需要拥有足够的耐性，让胡萝卜在土里继续"生长"一年。也就是说，不能够马上把它们拔出来。

深秋第一次霜冻之后，胡萝卜看起来就奄奄一息了。地面上绿色的部分会干枯打卷，但是胖嘟嘟的根部却因为泥土的保护挺过了严冬的酷寒。

多亏根部储存的营养成分，到了第二年春天，地面上又会长出嫩绿的叶子，还有长长的茎，茎会长出分支，在夏初时分开花并结出种子。而根部则会变得又瘦又皱，还很干硬，无法入食。因为花朵已经"吸干"了根部的养分。

只有在种子离开植株，也就是两年之后，整棵植株才会枯萎。

因为大部分人只对爽脆的根部有兴趣，所以一般胡萝卜在生命刚过半的时候就会被拔出来。值得庆幸的是，总还有人耐心地等待两年，直到种子成熟。

老胡萝卜头上的新叶

这个活动可以让人看到，胡萝卜的老根里依旧隐藏着新生命！

年龄： 3 岁以上

材料： 胡萝卜头，铺有几层湿润厨房用纸的盘子。

切下一大截胡萝卜的头，把它放在铺有几层湿润厨房用纸的盘子里。

发生了什么？

● 几天之后，在原来的叶丛中又长出了柔嫩的新叶。

● 大概两周之后，尽管盘子里一直保持着湿润状态，植株还是开始枯萎了。因为现在胡萝卜头上的养分都已经消耗尽了，再也长不出根须。

但是： 如果及时把胡萝卜头移植到装了土壤的花盆里，它还是会有机会重生的。幸运的话，它会再长出根部，然后继续生长。

罗盘草之谜

很久很久以前，曾经有一种被称作罗盘草的植物，它和胡萝卜长得非常相似，不过只生长在南非。

它的汁水是一种重要的药物，根和茎不仅能吃，还能做调料。

罗盘草的收割和使用都处在严格监管之下，好几百年以来，这种胡萝卜的近亲被销售到不同的国家，成了南非最重要的收入来源，因为它只生长在那儿。

但有一天，罗盘草却灭绝了。这是为什么呢？

也许是因为生意太好，南非的居民变得太过贪婪了，"掠夺性"地收割了罗盘草，却从没考虑过种子的事，导致他们突然失去了这种植物！

改良后有益健康的胡萝卜

改良的胡萝卜，也就是人工种植的胡萝卜，由很多层组成。尤其是把胡萝卜横向或纵向切开之后，这种分层尤为明显。

从外到内首先是深橘黄色的粗糙外皮，然后是橘黄色、厚实的次生韧皮部，接着是颜色更加鲜亮的形成层和最里面亮橘黄色的"心柱"。

每一根胡萝卜最中间都有一根贯穿根部的心柱。它有一点坚硬，可以维持胡萝卜的结实状态，并且内部长着可以让水分和养料流通的脉管。

胡萝卜的纵切面

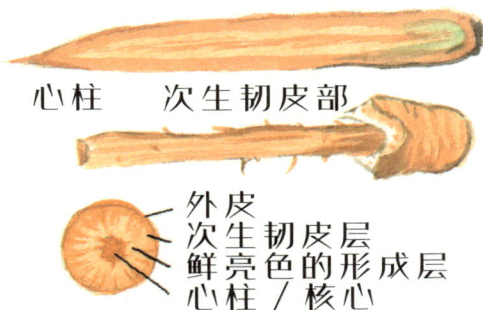

心柱　次生韧皮部

外皮
次生韧皮层
鲜亮色的形成层
心柱／核心

尝一尝 & 看一看

啃食胡萝卜

可以在这项活动中观察与品味胡萝卜的内在生命。在啃食胡萝卜的过程中，可以"扮演兔子"，同时"品尝"自己最喜欢的部分。

年龄： 3岁以上

材料： 一条不太嫩的胡萝卜，最好是储存了一个冬天（这样分层就会更明显）。

从外到内一层层啃食胡萝卜，同时可以发现：

- 深橘黄色的外皮很薄，但味道却最浓。
- 厚实的次生韧皮层很容易从颜色鲜亮的心柱剥离开，同时可以看到心柱部分细细的突起，这些就是侧根。
- 与厚实的次生韧皮层相比，心柱的味道更淡，而且更结实。

其他游戏方案：

一点都不喜欢吃生胡萝卜的人可以通过横向或纵向切开胡萝卜来观察它的内在生命。

尝一尝 & 玩游戏

先啃萝卜再猜谜

年龄： 6岁以上
材料： 脆爽的胡萝卜。

每个人各分到一根胡萝卜，并啃食出某个形状，比如一根骨头，一把螺丝刀，一把手枪，一只蚂蚁……

随后把啃食之后的作品放在面前的桌子上。

依次来猜啃食出来的是什么？

每个人都可以提问，直到听到"不"猜谜才结束，然后轮到下一个来猜。

机智的做法是不直接问这是什么（"这是手枪吗？"），而是慢慢地摸索（"它很硬吗？是活的吗？是一件装饰物吗？"……）

每猜对一样就能获得一个积分。

拿到积分最多的人赢得比赛。

胡萝卜笔

用胡萝卜笔来写字，当然写出来的不会是胡萝卜色。

年龄： 5岁以上（较小的孩子需要成人陪同）

材料： 胡萝卜，胡萝卜削皮刀，儿童雕刻刀，砧板，蜡烛，火柴。

胡萝卜削皮，顶端部分削尖，削到只剩下心柱部分为止，这样就变成了一支笔芯（或烛心）。把笔芯放到烛火中，不用多久，它就会散发香味，变成黑色。然后孩子们就可以用这支笔芯写字了。如果"笔芯"写不出字，可以再把它放到烛火上烤一会儿，胡萝卜炭笔就又能写字了。

注意： 胡萝卜炭笔只能在大人在场的时候做！

方块胡萝卜

胡萝卜是一种特别适合雕刻的物体，把次生韧皮层和心柱剥开来，可以做出各种漂亮的胡萝卜花样！

年龄： 6岁以上（较小的孩子需要成人帮助）

材料： 胡萝卜，胡萝卜削皮刀，儿童雕刻刀，砧板。

刻有花纹的胡萝卜：

用雕刻刀在胡萝卜表面刻出方块或螺旋花纹，深达心柱部分，把刻下来的细碎部分去掉。

胡萝卜树叶：

胡萝卜纵向切成片，每片约5厘米厚。在次生韧皮层雕刻，把心柱当作叶脉。

健康的有色美食

胡萝卜粥往往是婴儿吃的第一份"固定"食物，因为胡萝卜易消化，还很甜。孩子们长大之后会更喜欢吃没有煮过的生胡萝卜，因为这样啃起来很爽脆，而且味道也没那么重。当然，每个人都知道胡萝卜也是兔子最爱吃的食物。

"如果你多吃胡萝卜，你就会有明亮的眼睛！"这句话谁都听过！虽然事实并没有这么简单，但胡萝卜富含维生素和胡萝卜素。胡萝卜素是一种色素，会转化成维生素 A，而后者则会提升视力。不过它可不会让视力不佳的人拥有鹰眼！

从内到外，胡萝卜的胡萝卜素含量会逐渐增多。正是胡萝卜素让胡萝卜拥有这种漂亮的颜色，因此越往外，橘红色也会越来越深。

为了让身体更好地吸收胡萝卜素，胡萝卜一般要和一定的油脂（黄油或食油）同时食用。

胡萝卜素也会用在食物染色上，比如人造黄油染色，这样它就会拥有令人食欲大增的淡黄色。作为火烈鸟的主食，螃蟹也含有很多胡萝卜素，所以火烈鸟的羽毛才会变成漂亮的粉红色。如果动物园里的火烈鸟吃不到螃蟹，就必须在它们的食物里添加人工胡萝卜素，不然它们会变成白色的火烈鸟！

试一试 & 看一看

胡萝卜色的溶解

从这个实验可以很明显地看到胡萝卜素的色素特征。

年龄： 6 岁以上

材料： 1 根胡萝卜，厨房用刨丝器，带盖子的果酱瓶，水，透明无色的油。

胡萝卜刨成细丝，并把刨好的胡萝卜丝放进果酱瓶里。

瓶内加水，到能淹没胡萝卜丝为止，然后加入约 20 毫升油。盖好盖子，用力摇晃瓶子。

发生了什么？

很快，水面上就会形成一层油脂，在多次摇晃之后，油脂吸收了橘红的色素。

胡萝卜中含有的胡萝卜素会溶解在油脂中并将其染成相应的颜色。

胡萝卜菜谱

放了胡萝卜花的黄油面包

配料： 脆爽的嫩胡萝卜，黑面包切片，黄油，盐，香葱，花朵形状的小糕饼模子，砧板，刀，肉槌。

胡萝卜切成薄片，用糕饼模子压出花朵形状。

借助肉槌敲击的力量在硬硬的胡萝卜片上压出模型来。

把花朵放在涂了黄油的面包片上，撒上盐和香葱。

爬着鼻涕虫的兔子色拉

配料： 5根胡萝卜，1个苹果，半个柠檬的果汁，1茶匙蜂蜜，2汤匙葵花籽油，盐，胡萝卜削皮刀，刀，蔬菜刨丝器，砧板。

胡萝卜（留一根）和苹果削皮，刨成丝。

其余配料都混合在一起调成酱，把刨好的胡萝卜丝和苹果丝加进去。

把最后剩下的一根胡萝卜雕刻成鼻涕虫形状（见下文"胡萝卜雕刻"，第54页）。

把雕好的鼻涕虫放到色拉上去，慢慢爬行的虫子看起来逼真得惊人！

甜滋滋的胡萝卜

配料： 100克杏仁泥团，50克绵白糖，橘红色（红色和黄色）以及绿色的食用色素（或者开心果）。

杏仁泥团里加入绵白糖揉合，放入食用色素染色——大部分橘红色，小部分绿色。

把橘红色的杏仁泥团搓成几根小小的胡萝卜，用大拇指指甲在搓好的胡萝卜上按出一些缝，让胡萝卜看起来更逼真。

取一些绿色的杏仁泥做成小圆球形状，放在胡萝卜较大的尾端部分。

提示： 也可以用开心果来替代绿色的杏仁泥。

胡萝卜形状的各种变体

发挥一点想象力，就可以把胡萝卜变成形状各异的物体。比如绘本上有一只名叫奥托的兔子吃了太多的胡萝卜，结果兔耳朵就变成了两根胡萝卜！

胡萝卜也可以变成别的动物或人物形象，或者作为其中的某个部位。比如每个人都知道雪人的鼻子可以用胡萝卜做。

还有一种曾经非常流行的胡萝卜裤。尽管裤子是用各种布料做的，但却被裁剪成了上宽下窄的胡萝卜形状。

画一画＆想一想

胡萝卜拼贴画

孩子们肯定很喜欢给报纸上的名人、名画或自己加上胡萝卜做的鼻子，或者穿上一条胡萝卜形状的裤子。

年龄： 5 岁以上

材料： 杂志，报纸，儿童照片的复印件，剪刀，纸，材质，胶水，蜡笔或油墨毡笔（主要是橘红色！），或者照相机和打印机。

在报纸和杂志上仔细挑选所需要的素材，用胡萝卜修改这些图片，把它们剪切下来拼贴成一幅全新的图画。

或者：给自己拍照，然后给打印出来的照片（最好是放大的黑白照）"整容"。

其他游戏方案

把拼贴画变成谜语。看看在被他们"整容"之后的画里藏有哪些名人或哪些孩子。

鳄鱼变形过程

胡萝卜

萝卜鱼

萝卜鳄

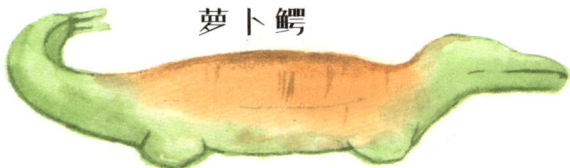

玩游戏

胡萝卜保龄球

这个游戏需要一定的技巧！

年龄： 4 岁以上

材料： 9 根笔直的大胡萝卜，1 根尽可能圆的胡萝卜，刀。

九条大胡萝卜切掉一些萝卜头，以便能够竖直放置。

按照一般保龄球的排列顺序摆放这些胡萝卜。

每个人都要尽量在一定距离之外用手中的圆形胡萝卜推倒尽可能多的胡萝卜。

胡萝卜保龄球

萝卜鳄鱼

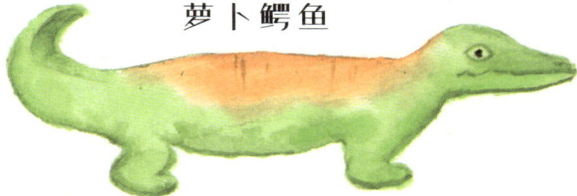

鳄鱼

画一画 & 想一想

胡萝卜变形记

怎么样才能够很快地把一条条胡萝卜变成某种物体或物体中某些类似胡萝卜形状的部位呢?

年龄: 4岁以上

材料: 画纸,蜡笔或绘画颜料。

只要发挥一点想象,一条条胡萝卜就能变成动物、物体、建筑或者它们当中某些类似胡萝卜形状的部位。

胡萝卜很容易就能变成兽角、鼻子、尾巴、鸟嘴等身体部位。也可以用胡萝卜做成火箭、钟乳石、钟塔、蜡烛、香蕉等——当然变形后各个名称也要有相应的变化:比如火箭就变成胡箭,香蕉变成胡蕉……

可以把某种动物的变形(改造)过程一步步用图片记录下来,比如把胡萝卜变成鳄鱼的过程:胡萝卜—萝卜鱼—萝卜鳄—萝卜鳄鱼—鳄鱼!(图见上页)

动动手

胡萝卜雕刻

只要小动几刀,胡萝卜就可以变成笛子、小矮人或各种小动物!

年龄: 6岁以上(较小的儿童用刀时需要成人帮助!)

材料: 胡萝卜,胡萝卜削皮刀,儿童雕刻刀,砧板。

七个小矮人

胡萝卜和小矮人的形状类似,只需要稍微加工改变一下就行:

● 萝卜削皮,切掉一些粗大的尾端部分,便于直立放置。

● 用刀雕刻出帽子、眼睛、球状鼻、嘴巴和胡子。

● 用剩下来的胡萝卜雕成小矮人用的瓶子和盘子。

胡萝卜肉做成的鼻涕虫

把一小段胡萝卜雕刻成鼻涕虫。"身体"要比"脑袋"狭长,并在上面刻上条纹。

把这样的几条鼻涕虫放到新鲜的生菜上……看起来特别逼真、有迷惑性!

胡萝卜鳄鱼

把一根粗壮的胡萝卜从顶端纵向切开一半,这样就出现了一张张开的大嘴,再在嘴巴里刻上尖利的牙齿,然后雕上眯缝的细长眼睛。

胡萝卜小老鼠

取用胡萝卜尾部还带着一缕根须的一截,这缕根须就是绝佳的老鼠尾巴。

把胡萝卜尾部雕刻成老鼠的身体,其中最重要的是一对大耳朵。

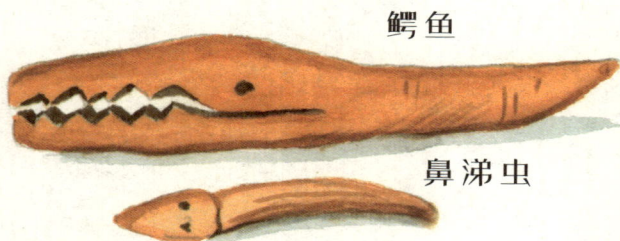

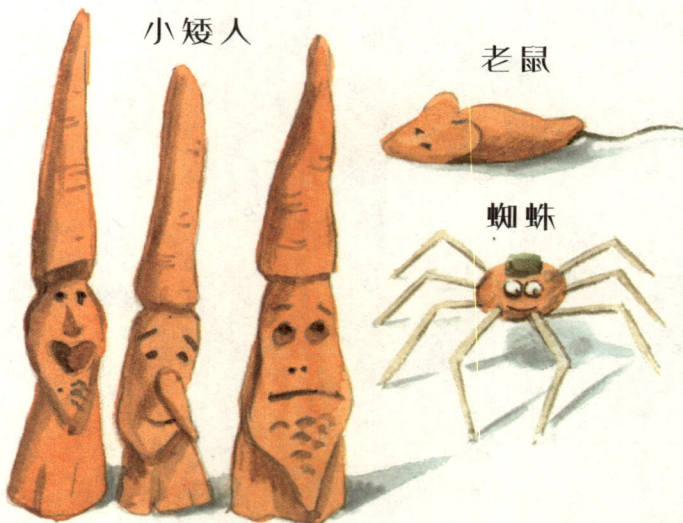

鳄鱼

鼻涕虫

小矮人

老鼠

蜘蛛

可食用的笛子和管风琴

胡萝卜特别适合用来制作笛子和管风琴。

雕刻时注意各个音孔的个数，制作笛子时还要注意雕出相应的吹孔！

较小的孩子还可以用嘴啃出一支"牙印笛子"来：胡萝卜削皮，用乳牙啃出一个个音孔！

提示：尽管不能吹奏出声音，但孩子们还是会特别喜欢做这种可食用的笛子！

动动手

人和动物

这个手工活动特别适合小童，因为几乎不需要用到刀。

年龄：3 岁以上

材料：胡萝卜，胡萝卜削皮刀，牙签，防水记号笔。

在（一段）胡萝卜上面插好牙签当作手、脚、头发、刺……然后用防水记号笔画出相应物体的脸部。

这样就出现了千足虫、毛毛虫、蜘蛛、水母、太阳、小人……

歪歪扭扭的小东西

如果花园的泥土里有很多石块或坚硬的泥块，长出来的胡萝卜就会歪歪扭扭，甚至长着许多分叉的腿，原本柔嫩的根部在生长过程中会弯曲或分叉，以此来躲避石块和硬泥块。农民当然不喜欢这样的收成，因此他们会在泥土里混入沙子来避免这种情况。长歪了的胡萝卜不能卖，但却可以用来做手工。

看一看 & 想一想

歪胡萝卜手工作品

发挥想象力来创造各种不同的假想人物。

年龄：5 岁以上

材料：歪歪扭扭的胡萝卜（可以从自家菜园里拔或农民那里买，此类胡萝卜价格低廉），防水记号笔，牙签。

先仔细地从各个侧面观察分叉开裂的胡萝卜，发挥想象，设想可以把它变成什么样子。

可以用牙签把各个部分组合在一起，用防水记号笔来描绘脸蛋和其余细节部分。

这样就可以把原本歪歪扭扭的胡萝卜做成海马、侏儒、怪兽……

毛毛虫

水母

人

侏儒

菜园种植小贴士

　　孩子们都很喜欢胡萝卜：它们是"壮实有营养"的种子，发芽快，而且孩子们会发现把刚从地里拔出来的胡萝卜洗洗塞进嘴里啃，是一种独一无二的美妙享受。买来的胡萝卜可不会这么鲜嫩好吃——甜滋滋，带着泥土清香，而且又爽又脆！

　　如果胡萝卜是我们自己播种之后长大的，那这种享受就更为美妙啦！

　　在种植胡萝卜时要注意以下事项，这样种出来的胡萝卜才会好看又好吃：

- 胡萝卜喜欢沙质、松软的泥土，不喜欢土壤里的小石块、硬泥团或刚被丢弃的垃圾。
- 胡萝卜特别和善，几乎没有相处不了的邻居，但有些邻居它特别喜欢，比如豌豆、小萝卜、小红萝卜、生菜、西红柿、大蒜、葱和洋葱。
- 胡萝卜的种子特别小，100 粒种子也就大约 1 克重。因此，要分散地播种胡萝卜很困难，播种的最佳间距在 1 ～ 2 厘米之间，这样有利于长出壮硕的根茎。现在也有一些买来的种子包装里放着播种布条，胡萝卜的每粒种子都以最合适的间距放在了无纺布做成的布条上。如果播种时过于密集，等到种子发芽后就必须把它们分散开来。
- 要定期给胡萝卜浇水，如果在干渴太久之后突然下起大雨的话，胡萝卜就会枯死。
- 要吃到美味的胡萝卜需要有耐心！三四月份的时候把种子播在田垄上，三四个礼拜之后种子才会发芽。然后就要继续等待，直到两三个月之后才会长出壮实的胡萝卜！

拔萝卜

　　只有紧紧拽住靠近萝卜头的叶子末端，才能把胡萝卜从土里拔出来，要是只拽住了叶尖，那就只能拔到一把萝卜叶！粗壮的胡萝卜上面长着的莲座状叶丛也更加密实，因此可以有目标地寻找粗胡萝卜。运气好的话说不定还能在花园里找到一只鼹鼠，就像培茨和他的朋友们一样，在拔萝卜的时候发现有东西在往上顶，结果胡萝卜自个儿就从泥地里跳出来啦！

拔萝卜的童话

（俄罗斯民间童话）

爷爷种下了胡萝卜种子，等到收割的季节，他想把一根粗壮的胡萝卜拔出来，他拽住一簇叶子，拔呀拔呀，可就是拔不出来。

爷爷喊来了奶奶，奶奶抓住爷爷，爷爷抓住胡萝卜，他们拔呀拔呀，可还是拔不出来。

小孙子也来帮忙。孙子抓住奶奶，奶奶抓住爷爷，爷爷抓住胡萝卜，他们拔呀拔呀，可还是拔不出来。

小狗也来帮忙。小狗抓住孙子，孙子抓住奶奶，奶奶抓住爷爷，爷爷抓住胡萝卜，他们拔呀拔呀，可还是拔不出来。

小公鸡和小母鸡也来帮忙，公鸡抓住母鸡，母鸡抓住小狗，小狗抓住孙子，孙子抓住奶奶，奶奶抓住爷爷，爷爷抓住胡萝卜。他们拔呀拔呀——啪的一声！胡萝卜拔出来啦！故事也结束啦！

玩游戏

三角阵型拽拉赛

年龄： 4岁以上

材料： 带绿叶的胡萝卜，1条大约3米长的绳子。

游戏主持人把绳子两头打成结，放在草坪上，摆成一个三角形。

在距离每一个三角点2米远的地方埋入几条胡萝卜，地表上只露出绿色的叶丛。

每一轮游戏需要三个（同年龄的）小朋友参与，每个人都站在绳子组成的三角形内一个顶点上，把绳子拿起来，放在腰部，随后就不可以再用手去碰绳子。

在游戏主持人发出指令之后，每个小朋友都要使劲朝胡萝卜的方向走。

第一个拔出胡萝卜的小朋友（当然允许用手拔！）赢得胜利。接着是另外三个小朋友来参加下一轮比赛……

每一轮赢得比赛的孩子要在最后再进行淘汰赛——直到最后只剩下一位小朋友，这才是拔胡萝卜的英雄！

土豆
长满芽眼的结实块茎

土豆可以做成各种东西，远远不止薯条和土豆印章。

土豆的多样性首先体现在名字上，几乎没有别的任何蔬菜能像土豆那样有那么多称呼，其中最恰当的可能就是"地下的苹果"。因为这种美味的食品就埋在地下，欧洲人在很长时间之内都没有发现这点，因此，土豆500年前才开始在欧洲种植。

通缉令

有何特殊之处？

- 植株的生长体现在块茎的膨大和分支上。
- 除了块茎之外的其余部分都有毒。
- 原产安第斯山区的秘鲁盆地，中欧地区从近代才开始人工种植土豆。
- 芽眼也就是腋芽，有相应的幼叶。

花： 白色或紫色的萼钟形花朵，有花丝和黄色的花药，自花授粉。

果： 黄色带淡绿的果实，很少会完全成熟（只有块茎会不断膨大！）。

叶： 羽状复叶。

茎： 块茎，地下部分是储藏养分并作为主茎分支的器官（也就是土豆）。

	四月	五月	六月	七月	八月	九月	十月
开花期		■	■	■	■		
成熟期			■	■	■	■	

阿柯苏女神
——古印加人的土豆女神

早在公元前三世纪（当时的欧洲处在罗马人统治下），南美洲的古印加人（南美古印第安人）就已经在田里栽种土豆了。

土豆是古印加人的主食，因为太过重要，他们不但食用土豆，更非常敬畏土豆。

阿柯苏女神是古印加人的土豆女神，她是一种特别的存在，半人半土豆。有时候为了求得阿柯苏女神的宽恕以获得丰收，古印加人还会把人作为祭品献给女神。如果发生干旱，就意味着女神生气了，而这种愤怒只有用人血才能平息。还有的做法是：把捏成各种有趣形状的土豆当作玩偶，给它们穿上衣服，来让它们做出各种预言。

土豆玩偶

按照古印加人的传统来做各种人物形象。

年龄： 3 岁以上

材料： 长形的土豆，普拉卡牌的颜料或防水的油墨毡笔。

把土豆洗干净，仔细擦干。

然后给土豆画上脸、女士小便帽、襁褓等。很快就会出现一大堆玩偶人啦。

阿柯苏女神

玩偶

动动手 & 玩游戏

阿柯茹女神——玩偶

年龄： 5 岁以上

材料： 不同形状的小土豆，长毛线针，牢固的粗绳，分成三支的树杈。

把土豆块摆放在桌子上，组成一个四肢健全的玩偶。

毛线针里穿好粗绳，把摆好的各个土豆串起来。

把控制玩偶的绳子固定在脑袋和四肢上，绑在树杈的三个分支上。

提示： 不要挑选太大的土豆，不然玩偶会太重。

黄金箱子里的土豆

大约 500 年前，第一批西班牙航海员抵达了南美，想要占领这片土地。他们非常贪财，甚至偷走了印第安人的财宝。不过西班牙人并不只是把黄金白银带回了家，他们同时也带回了一些不起眼的块茎：这就是印第安人几百年来以之为食的土豆。

欧洲人曾经喜欢把土豆当作观赏植物，因为它们有白色或粉红色的漂亮花朵。起初，他们吃的不是有毒的绿色土豆就是生土豆，当然咬了一口就马上又吐出来了。

等到欧洲人开始栽种土豆已经是很多年之后了。当年英国的一场大火挽回了土豆的声誉。

挽回土豆的声誉

英国一位富有的伯爵买了一些土豆，让人种在自己家的花园里。这是他从一个西班牙人手里得来的，伯爵认为这是来自南美洲的一种美食。到了夏天，他觉得这些强壮的植株开出的白色花朵简直漂亮极了。到了秋天，土豆终于结出了绿色的果实，伯爵很高兴，邀请了众多好友来参加盛宴。他让人端上绿色的"土豆"作为美食请客人们品尝，每个人都拿了一块嚼着。一开始，没有人愿意承认这种果实其实非常难吃，不过后来连伯爵自己也皱着眉头用力地吐出了嘴里的"土豆"。因为他觉得自己在朋友们面前丢尽了脸面，于是非常生气地命令仆人把院子里所有的土豆都拔出来烧掉。这样一来，原本无人注意的土豆块茎就被扔进了火堆里。可是，这群英国绅士突然间闻到了一股香味。是灰烬里传来的诱人香味！当仆人顺着香味寻去，他发现了一个灰褐色、圆滚滚的东西。在扑鼻的香味诱惑下，他尝了一小口，味道非常棒。他立马向伯爵汇报了此事，此时这两位都醒悟了，原来土豆是这么吃的，然后狼吞虎咽地吃了一个又一个。

伯爵让人把剩下的土豆也挖了出来，再次邀请朋友们来参加自己举办的盛宴，这回当然是大获成功：这次吃的是土豆植株正确的食用部位！由此，土豆的声誉才得以挽回！

秘密的火焰信息

没有什么是比在温暖的夏日烤土豆更惬意的事儿了！

年龄： 6 岁以上，较小的孩子需要成人陪伴（因为需要雕刻）

材料： 土豆，儿童雕刻刀或版画刻刀，铝箔纸，用来生篝火的地方或烤箱。

土豆洗刷干净，晾干，纵向切成两半。

用刀在切开来的土豆内部纵切面上刻上一个秘密信息，比如名字、首字母缩写组成的心形、一条短信息……

重新把土豆拼在一起，裹上铝箔纸，放进烧红的炭火（要等跳动的火焰熄灭之后，不然土豆就会被烤得黑乎乎的）或烤箱里。不一会儿，孩子们就能闻到诱人的香味了。

而最激动人心的莫过于打开来发现土豆里有什么秘密信息啦！

铝箔纸里的土豆脸

把一个大土豆洗净、削皮，然后纵向切成两半。

在切开来的土豆表面刻上一只有趣的动物或一张脸蛋，然后用铝箔纸裹好土豆，放进炭火或烤箱，直到土豆完全烤熟。

打开铝箔纸的时候总会遇到种种惊喜，孩子们可以把雕出来的脸蛋用勺子挖出来，加上黄油和盐一起吃。

金土豆和银土豆

土豆原本就被古印加人视作黄金。西班牙侵略者把古印加人的土豆带到了欧洲，在今天看来其价值远超任何黄金。17 世纪，柏林的一位商人在自己家的圣诞树上挂了镀了金银的土豆，也由此开创了土豆另一种极具象征意义的用途。

年龄： 4 岁以上

材料： 小土豆（大土豆挂在树上会太重），金色和银色的颜料，牙签，金线和银线。

土豆洗净后晾干。

把金色和银色的颜料涂到土豆上（可以完全涂满，也可以涂上花式图案），随后晾干。

把一根牙签纵向插进土豆里，只剩下尾端露在外面，然后把金线或银线固定在露出来的牙签部分，随后把土豆挂到圣诞树上做装饰。

有毒的植物

土豆属于茄科植物，这种植物都含有有毒的龙葵碱，比如颠茄的果实中就含有大量的龙葵碱，这种毒素只需要一点就能致死。很多"毒草"，比如曼德拉草、天仙子、曼陀罗和灯笼草等，都属于茄科植物，因此都是有毒的。这些植物如果少量使用能治疗相应的疾病，因此可用于制药。

绿色的土豆植株也含有龙葵碱，土豆皮上面也有少量这种毒素，不过只要在水里煮过，皮内的毒素就会消失。

在灯光下看起来已经是绿色的土豆含有较多的有毒龙葵碱，因此这种土豆是不能食用的。

长满芽眼却看不见的土豆

土豆表皮有很多所谓的芽眼，这些凹进去的地方都长着一个个小点点。凹缝里面的小点就是还在沉睡的萌芽。

到了春天，这些小点点里面就会长出白色的嫩芽（温度在 4～10℃），随后嫩芽又会慢慢长出绿叶和根。如果把每一个芽眼都割下来，它们就会长成一株土豆，而每一块作为种子的土豆身上又会长出同样多的芽眼，割下来之后又可以种出好多株土豆。

有一部分的白色嫩芽会深入到地底下，横向蔓延长出根和芽，而它们的末端则会越长越粗，最后长成小块茎（新的小土豆！）

其余部分的白色嫩芽则会破土而出，长出叶子，开出花朵，最后结出绿色、类似西红柿形状的果实。

试一试 & 看一看

绿色的块茎

在这个活动环节可以观察到灯光下土豆块茎变绿的过程，也可以观察那些没有完全被泥土覆盖、有一半裸露在地表上的土豆。

年龄：5 岁以上
材料：2 块土豆块茎，鞋盒。

为了便于比对，把其中一块土豆放到窗台上，另一块放进鞋盒里。

发生了什么？

大约 1～2 周之后，窗台上的土豆开始变绿，削皮之后，绿色部分更加明显。土豆颜色越绿，越有毒，因此更不能食用！

而鞋盒里的土豆颜色则没有任何变化。

从土豆块茎到土豆植株

块茎上的嫩芽

在这项活动中可以看到，一块土豆上能长出很多新的土豆。

年龄：3 岁以上

材料：快要发芽的食用土豆（储存时间较长的土豆在春季温暖的天气中特别容易发芽）。

把土豆放到温暖的地方(避光)，每日观察。

发生了什么？

一段时间之后，芽眼里会长出白色、粉红甚至紫色的嫩芽，嫩芽会越来越长，在阳光下渐渐变成绿色，只要把每一颗嫩芽都从土豆块上切下来，它们最后都能长成一株土豆。

提示：发芽的土豆块还可以在园艺活动"埋土豆"（第 76 页）中继续使用。

发芽的土豆做成的各种造型

发芽土豆的各种造型

发芽的土豆往往能激发孩子们的想象力，把它变成各种奇特的形状。

年龄：3 岁以上

材料：发芽的土豆。

发挥想象，通过有意识的观察、转动、组装、拼插，可以把各种发芽的土豆变成巨型昆虫、蜘蛛、长角动物、鸟、火星人等。

把完成的"发芽的土豆造型"作品放在深色背景上，看起来会更棒。

盖子盖子快打开

这是渴望阳光的土豆使出的小魔法！

年龄：5 岁以上

材料：正在发芽的土豆，装有泥土的花盆，鞋盒。

小花盆里装好湿润的泥土，把发芽的土豆埋进土里，再把花盆放进一只鞋盒里。鞋盒盖上盖子。每隔两天检查一下泥土是否湿润（太干的话就需要浇水）。

发生了什么？

大约一个礼拜之后，盖子就被一只神奇的手打开了。土豆的嫩芽特别渴望阳光，这种强烈的愿望让它把鞋盒的盖子给"掀翻"啦！

马铃薯瓢虫
——来自美洲的无票乘客

与土豆一起来到欧洲的，还有在人们不知情的情况下被带来的马铃薯瓢虫。有可能它们的幼虫或卵藏在了当时运输土豆的泥块里，在到达欧洲之后，发育成了马铃薯瓢虫成虫。

这种大约 1 厘米长的瓢虫身上有着黑色和黄色的条纹，能在没有食物的情况下存活六周，它会飞，而且生长速度惊人。它们的鼻子特别灵敏，打个比方，如果人类拥有马铃薯瓢虫一样的绝佳嗅觉，就算在博登湖里投入一块方糖，他也能闻到糖的香味。

对于种植土豆的农民来说，马铃薯瓢虫会给他们带来严重的损失，因为不管是幼虫还是成虫，它们都对马铃薯叶子有着贪婪偏执的爱好，而且这种瓢虫在欧洲几乎没有天敌。

二战时，学校里的孩子们曾被组织起来去捉马铃薯瓢虫，对抗"黑黄威胁"。捉虫是件非常难受的事儿，瓢虫会喷出一种液体，碰到手上，手就会肿起来。现在一般会用杀虫剂来杀灭这种害虫。不过为了减少有毒化学产品对环境造成的破坏，同时不伤害别的益虫，现在正在试验用细菌和真菌作为杀虫剂的生物灭虫方式有目的地消灭马铃薯瓢虫。

看一看

贪吃的犯人

这项活动以小见大地展示了马铃薯瓢虫是以何种惊人的速度吃光一整片土豆田的。

年龄：3 岁以上

材料：装酸黄瓜的大玻璃瓶，马铃薯瓢虫（刚从田里抓来的），马铃薯叶子。

在（早间）散步的时候带上装酸黄瓜的大玻璃瓶，寻找马铃薯瓢虫，在天然种植的田里很容易找到！

把土豆叶子放进装酸黄瓜的大玻璃瓶里，再放一只马铃薯瓢虫进去，为了不让虫子跑掉，同时又能保证它在里面能够呼吸，可以虚掩着盖上盖子。现在，孩子们就可以开始观察马铃薯瓢虫是怎么吃叶子的了。不用几个小时，这只小虫子就能把叶子吃个精光！

玩游戏

寻找瓢虫

年龄：5 岁以上

材料：马铃薯瓢虫，用菜豆做的瓢虫（见第 11 页），画成马铃薯瓢虫样子的石块。

所有人都走出房间，与此同时，游戏主持人把瓢虫放在房间的任意位置(不要藏起来！)。

大家回到房间后马上开始寻找瓢虫。

一旦有人发现瓢虫，不能够声张，要安静地在房间里找个地方坐在地上。

为了安慰最后一个找到瓢虫的小朋友，可以让他在下一轮游戏时转移瓢虫的位置。

动动手

土豆做的马铃薯瓢虫

这种瓢虫趴在开花的土豆植株上时特别逼真、具有迷惑性，尤其是当它们成群出现的时候！

年龄： 6 岁以上

材料： 小土豆，儿童雕刻刀，砧板，牙签。

土豆纵向切成两半，前三分之一部分削薄。

剩下的三分之二部分纵向雕刻出条纹，作为瓢虫的身体。

在底下插入六根牙签作为瓢虫脚，两根牙签作为触角。

尝一尝

烤箱里的马铃薯瓢虫

配料： 大块土豆，橄榄油，香草盐，香芹籽。

土豆洗刷干净。

如上一项活动中所述，把土豆做成马铃薯瓢虫的形状——不加脚和触角。雕刻出眼睛的位置，放入香芹籽做眼睛。

"瓢虫"上刷好橄榄油，抹上盐，放入220℃的烤箱（上层）烤熟（中等大小的土豆需要大约 45 分钟）。

从榛子土豆到番茄土豆

南美洲山区安第斯山上生长的野生土豆尽管茎叶繁茂，但长出的土豆却只有榛子一般大小。印加人在此基础上培育出了很多不同的土豆品种。

世界上大约有2000个不同的土豆品种，这些土豆不仅外表不同，收获的时节也不同。有些是早熟的土豆，皮很薄，能够带皮吃；而晚熟的土豆皮很厚，有利于保存。有些土豆品种的外表是粉红色，甚至紫色的，里面则是蓝色或者微红；形状有长条形，还有长着红色芽眼的圆球形。

现在还不断有新的土豆品种培育出来：英国有一种土豆里甚至加入了荧光水母的基因，一旦田里缺水，土豆就会发出绿光。还有人尝试着培育出一种番茄土豆：地表上长番茄，地底下长土豆。这可真是绝妙地利用了空间！

如果土豆生长在石块较多的地里，那么它们就会长出不正常的特别形状。这种"怪物土豆"最适合用来做手工！

爱斯迪卡：抗寒，冬天也能种植

贝拉当娜：适合在收银扫描器下扫描

帕帕加拉：不怕日光和紫外线，不会变绿

玩游戏

土豆品种展览

孩子们可以认识到土豆品种的多样性。
年龄：6岁以上
材料：特殊的土豆品种，纸牌。

孩子们准备好不同的土豆品种，在展品边的铭牌上标出原产地和相关说明。

画一画 & 玩游戏

未来的土豆品种

材料：土豆，不同的手工材料和绘画材料。

利用不同的材料改变土豆的形态。

比如：

帕帕加拉品种：喜欢晒太阳的土豆品种，而且在阳光下不会变绿，因此不需要储存起来！

在这种土豆上画上一副小太阳眼镜，再添上雀斑。

贝拉当娜品种：在这种土豆的身上画上扫描码，可以在扫描器下扫描。

爱斯迪卡品种：喜欢酷寒的土豆品种，就算冬天也能种植！

给这种土豆穿上毛皮大衣。

动一动 & 玩游戏

滚土豆

年龄： 4 岁以上
人数： 至少 6 个孩子
材料： 2 块圆形的土豆，2 根棍子，粉笔。

分成两组（每组至少 3 个人）。

游戏主持人用粉笔在地上画三个圆圈，一条起点线。

两组成员排队站在同一水平线上。排在第一的两个人手上各拿一根棍子，前面各放一块土豆。

听到"开始！"声，排第一的两个人开始用棍子滚前面的土豆，穿过三个圆圈，再回到起点线。游戏以接力赛形式进行，最快的一组赢得比赛。

动动手 & 想一想

团块状的动物

年龄： 4 岁以上
材料： 不同的土豆品种（特别是形状奇特的，因为"卖不掉"，农民往往会把这种土豆送人），牙签，烤串用长竹签。

长着脑袋形状的土豆上只需要刻上嘴巴、眼睛和鼻子就行；发挥一点想象力，甚至不用雕刻，只要把几块土豆组合在一起就能变成不同的动物。

这项活动特别适合用来加工长相奇特的土豆和所谓的"双生子"土豆。

用牙签把土豆拼成动物形状。

最适合做的莫过于"团块状"的动物，比如河马、骆驼、驴、大象、海象、矮胖的小狗、兔子、老鼠、鸭子、刺猬、企鹅、巨人、怪兽……

孩子们可以加上牙签或烤串用的长竹签来做獠牙、髭须、腿或毛刺。

唱一唱

土豆会骗人

词曲：尤尔根·盖塞尔布莱希特

Erd - äp - fel schmecken gut. Erd - äp - fel schmecken gut. Erd - äp - fel schmecken gut.

Doch

Erd - äp - fel schme - cken gut.

Paul hat sich nicht aus - ge - kannt und
frites und Prin - gles lie - ben wir. Der

sei - ne Zun - ge sich ver - brannt. Wich - tig ist es, dass man weiß: au - ßen warm doch in - nen
Pom - bär ist mein Lieb - lings - tier. A - ber wir sind auf der Hut: Zu - viel da - von, das ist nicht

gerufen:

heiß!   ...sind falsch!   ...sind falsch!   ...sind falsch!
gut!

Erd - äp - fel schme - cken gut. Erd - äp - fel schme - cken gut. Er - äp - fel schme - cken gut.

1.
Pommes

Erd - äp - fel schme - cken gut.

2.
sind falsch!

Erd - äp - fel schme - cken gut.

1. 土豆很好吃。土豆很好吃。土豆很好吃。
可是保罗却不知道，于是他
烫伤了自己的舌头。明白这一点很重要：
外皮温，可里面很烫！
……会骗人！……会骗人！……会骗人！
很好吃！

2. 我们最爱薯条和薯片。
土豆小熊饼是我的最爱。但我们要小心：
吃得太多，这可不好！
土豆很好吃。土豆很好吃。土豆很好吃。
会骗人！

提示： 根据演唱能力的不同可以对开始部分的循环旋律安排独唱、二声部合唱或者
说唱。在每一节的演唱过程中，也可以不断重复循环的片段，不过要保持声调和旋律一致。
需要高喊的"……会骗人！"这句要唱得尽可能大声，特别是在歌曲终结时。

烫手的土豆

"烫手的山芋"一词的引申意指的是没有人愿意接受的麻烦事儿。

把刚煮好的土豆从锅里拿出来，放到盘子里，从表面摸起来会让人感觉温度刚刚好，吃起来正合适。等到把一大块塞进嘴里才感觉到舌头有点烫伤了。因为这时的土豆内部还是很烫的。

因为土豆能较长时间地储存内部的热量，因此，热土豆曾经也被用来暖手。很早以前，孩子们上学要比现在走更远的路，因为当时还没有校车。一到冬天，小手就会冻得冰冷。如果在大衣口袋里放一个热土豆来暖手，小手就不会被冻坏了。

除了储存热量，土豆还能长时间地保湿，因此能够用来缓解伤口的疼痛。把热土豆放在烫伤或抽痛的部位，能奇迹般地减轻痛苦。

烤一烤 & 玩游戏

杂耍球和暖手宝

土豆甚至能同时起到两种作用：保暖和娱乐！特别推荐在寒冷的冬天玩这个游戏！

年龄： 6 岁以上

材料： 中等大小的土豆。

土豆洗净，放进烤箱，大约 150℃ 烘烤一小时。

杂耍球： 抛接三个热乎乎的土豆来玩杂耍，因为这么烫的土豆可能无法在手上拿太久，这就顺便成了最棒的杂耍抛接球训练！

暖手宝： 把热乎乎的土豆放进大衣口袋里，大约能保暖一小时。带上连指手套就可以把刚烤好的土豆从烤箱里拿出来。

实用： 要是正饿着，还能把它当作点心吃！

玩游戏

热乎乎的土豆

年龄： 4 岁以上

材料： 1 个土豆，音乐。

围成圈坐好。

音乐开始之后，大家就要把"热乎乎"的土豆依次沿顺时针方向尽可能快地传过去。

音乐停止，手上正拿着土豆的人就被"烫伤"出局了。

游戏继续，直到最后只剩下一个人。

阳光烧烤

这个游戏环节可以认识到太阳光的力量。

年龄: 4 岁以上

材料: 1 个小土豆,1 只小篮子,铝箔纸,1 枚钉子,晴朗、酷热的白天。

在小篮子的底部铺好铝箔纸,闪光的一面朝上。

在篮底的中心点把钉子由下往上扎进来,穿透铝箔纸,然后把土豆戳在钉子上。尽量把铺好的铝箔纸抹平。

在晴朗的白天(尽量高温),把篮子放到室外,最好是正朝着太阳的方向,也就是略斜放,同时不断根据太阳的位置调整方向。

发生了什么?

太阳光因为铝箔纸的缘故被汇聚在了篮子做成的盘子中央,使得中间点的温度越来越高,土豆渐渐变热,甚至还会散发出香味。如果天气晴好,而且日照时间够长,有可能到了傍晚时分土豆就会烤熟了。

壮实的土豆

土豆中大部分是水(80%)。因为水分含量高,为了不让土豆因水分流失而干瘪,它的表面包裹着一层薄薄的土豆皮。如果失去这层皮,土豆很快就会变得皱巴巴的。

维生素、矿物质和淀粉也是土豆的固定组成部分,也正因为含有这些物质,不仅土豆自身很壮实,而且还能让人变得更强壮。土豆中的淀粉还会被加工成很多无法食用的产品,比如胶水、纸张、药粉、药片、透明胶带或尿布。对土豆植株而言,淀粉也是其嫩苗所必需的营养成分。

皱巴巴的脑袋

这项活动出于"艺术目的",利用了土豆内极高的水分含量,同时,这些艺术品也是蒸发现象的试验品。

年龄: 6 岁以上

材料: 土豆,雕刻刀,烤串用长竹签,大头针。

土豆局部削皮,雕刻出魔术师、女巫、猪、老鼠等脑袋造型。扎入大头针当作眼睛,闪闪发光的大头端朝外。

把做好的土豆脑袋用竹签固定住,放在阳光下或暖气管上方风干。

土豆越干,这些脑袋看起来就越吓人。特别是全部削去皮的土豆很快就会变成一个个皱巴巴的脑袋——由此可见土豆中含水量极高。

这些干巴巴的脑袋可以保存好几年,在表演恐怖的木偶戏时还能拿出来用。

土豆的内部生命

在这项活动中可以看到土豆里面含有多少水分,也能看到淀粉的模样。

年龄: 6 岁以上

材料: 粉质的土豆,厨房用刨丝器,咖啡过滤纸,2 只碗,有条件可用显微镜。

用刨丝器把土豆刨成细丝放进碗里,一定时间之后,根据不同的土豆类型,多多少少会有一些水渗出来(粉质的土豆流出的水要少于饱满脆质的土豆)。

把土豆泥倒在一张咖啡过滤纸(或者纱布)上,底下接另一个碗,略加一些水,最后把滤纸上的土豆泥充分挤干。

过滤之后的土豆汁搁置 20 分钟,然后小心地倒掉(不要太剧烈地晃动碗)。

碗底留下了一层白色的粉末,这些就是淀粉。粉质的土豆淀粉含量要多于脆质饱满的土豆。孩子们也可以在显微镜下看到淀粉的颗粒形状。

刚雕刻好的造型

一个月后皱巴巴的造型

煮淀粉糊

淀粉颗粒在水中加热之后就会溶胀，变成黏糊糊的一摊，类似于裱纸用的糨糊（这种糨糊当然也是淀粉做的）。

材料： 淀粉，水，锅，打蛋器，带螺旋塞子的玻璃瓶。

把半杯水倒进放有淀粉的锅内，用打蛋器搅拌均匀。

一边开火煮，一边搅拌。淀粉开始溶胀，变成布丁状的黏稠物，也就是糨糊。

把糨糊倒进带螺旋塞子的玻璃瓶内冷却（在糨糊尚未完全冷却之前瓶口保持打开状态）。

神奇的糨糊做好啦！

土豆小人和黏黏胶玩具

使用糨糊。
年龄： 4岁以上

土豆小人

材料： 淀粉糨糊，厕纸，水，碗，木签。

把厕纸撕成碎片，加入水，挤干，然后加入糨糊揉成面团状的一块，接着把它捏成土豆小人的脸蛋，最后插进木签固定好。

黏黏胶玩具

材料： 淀粉糨糊，食用色素，透明玻璃瓶。

糨糊中加入食用色素染色，随后倒入漂亮的透明玻璃瓶内。

可以看到黏糊糊的彩色小团在糨糊里上下浮动，最神奇的是，到了第二天，无论是糨糊里面的颜色还是黏稠度都发生了变化（比如黄色的稠状物变成了绿色的液体）。

提示： 黏胶形状的小团无法保存很久，几天之后就会发酵。这些黏糊糊的彩色糨糊可以用来装饰土豆小人的脸蛋。

从薯条到土豆营养餐

据说薯条是比利时人发明的。一开始他们把薯条做成了小鱼的形状，因为到了冬天只能用土豆条来替代新鲜小鱼。

世界各地都有"薯条"——因为它美味又能让人吃饱，自然广受欢迎。唯一的不好是：它会让人发胖，因为薯条是从一大锅油里炸好捞出来的。

与之相比，土豆泥和锡纸烤土豆当然更加健康，同时因为吃法多样，吃起来也更好玩。

土豆泥地形

吃的孩子越多就越好玩！

配料：2 块煮熟的大土豆，1/16 升牛奶，盐，黄油，花椰菜，压力锅或土豆蒸笼，土豆压泥器，大平底碗。

准备

土豆放进压力锅或土豆蒸笼里蒸熟，去皮，用土豆压泥器碾压。

牛奶放进一口大锅里加热，倒入土豆泥，搅拌均匀。

加入大量的盐调味，这样土豆泥会更好吃。土豆泥要压实，勺子插进去之后能够立住，如果仍是流质状，则需要再加入一些土豆泥，否则孩子们就无法挖洞。

提示：不要用搅拌棒来做土豆泥，不然就会变成黏糊糊的土豆糊！

花椰菜切成大块，焯水。

黄油软化。

趣味吃法

这个游戏环节需要先把土豆泥全都放入大平底碗中堆成一座山，然后把碗放在桌子中间。大家可以用花椰菜在山上种出一片片树林。山顶堆成火山的形状，火山口里面放上融化的黄油做成的熔浆。

每人分到一把小勺子做装备。

听到"开始"的指令后，每个人都可以用"挖"壕沟、河道、地道、引水渠等方式，把熔浆引流到自己这边。

当然建造堤坝也是一种做法。也有些人可能喜欢把一切都破坏掉，徒留一片空地。

游戏中禁止大碗侧向倾斜。

彩色游戏版本：如果把各种蔬菜加到土豆泥里染色，那整个土豆泥地形看起来更丰富多彩了：绿色——冷冻豌豆做成的泥；红色——红萝卜泥；橘黄色——胡萝卜泥或者加入一些藏红花丝。

尝一尝

土豆脆片

这比包装袋里的薯片更好吃，更健康！

配料：土豆，黄瓜刨片刀，油，砂锅，盐。

烤箱预热到 250℃。

土豆削皮，用黄瓜刨片刀刨成薄片。

砂锅里放大约 5 汤匙的油，然后加入土豆片，翻转几次。

放入烤箱中（上层）烤成脆片，期间需要不断翻转土豆片。

大约 1 小时之后，土豆片就烤好了，撒上盐就可以吃了。

朋友和敌人

土豆喜欢和苤蓝、菠菜比邻而居，不喜欢向日葵、豌豆和西红柿住在它们附近。

土豆病害当中很危险的一种便是幼苗或土豆枯萎病，这种病甚至能传染给附近的西红柿。枯萎病的病原体是一种真菌，它在长时间下雨、严寒以及土壤潮湿的情况下就会滋生。一旦患病，土豆就会腐烂成黑乎乎的一块，还会散发恶臭。

19 世纪的爱尔兰就曾爆发过这种土豆枯萎病。因为当时土豆是贫穷的爱尔兰人几乎唯一的主食，于是导致了大规模的饥荒，几百万爱尔兰人饿死，而有些人则为了逃离"土豆饥荒"移民到了北美。

邻里之争

爱娃玛丽·塔费尔纳

小土豆斯托弗躺在农夫汉森放在田里的一个篓子里，太阳正好照到它的背上，在黑暗的地窖里待了整整一个漫长的冬天之后，这会儿它觉得有点不太舒服。不过，漫长的等待终于要结束了，很快，农夫就会把它埋进泥土里。小土豆非常期待这种安全舒适的感觉。地底下还有很多活儿等着要干，它都等不及要快点开始啦。

就在小土豆沉浸在美好的想象中时，它听到了一阵破口大骂。这声音听起来非常耳熟。

"你说什么？番茄贝娅特，现在人们不像往常那样把友好、优雅、有教养的人士，比如菠菜、茴香或者芦苇等这些高雅人士，种到我们身边了！我们现在得和我们的亲戚，头脑简单的土豆友好相处了！我的叶子都要被气得卷起来啦！我感觉自己嫩芽上的头痛病都发作了。我们跟这种粗人能有什么好聊的？"

"最好别跟我说话！"小土豆斯托弗气炸了，大声嚷道，"这对我们都好！蕾娜特！没错，亲戚和邻居是没法选择的。可你凭什么如此自以为是？不就是你们在地表上引以为傲地展示着果实，正好相反，我们隐秘地把果实藏在地底下！你们想要往上爬不还得靠人类给你们撑支架，不然你们早就啪嚓一下摔到地上了！"

"我们的嫩枝和高贵的果实就是我们优雅的象征！跟你们相比，人类可更重视我们，所以才这么呵护我们。不过这种事儿你不会懂。你能有啥成就呢？不就是小得可怜的绿果子嘛，还有毒呢！跟我们漂亮的橘红色天堂之果比比，你就知道我们之间的差距啦！大自然肯定是犯了傻，我可不觉得和你们有啥亲戚关系！

"你们算是什么玩意儿！裹着泥巴、脏不拉几的'泥果'！你们就是一无是处的废物！"

听了这话，就算是斯托弗这种和善的人也受不了了，它双眼冒火地大骂："你们不就是果皮光滑了点，果实长得像个红灯泡嘛，你们还真以为有啥了不起了。我看你们那脑袋瓜里也就只剩下废话了！我倒也想和你们断绝亲戚关系！"

"不过你必须明白一点，到了最后，不管是你还是我，都要面临同样的命运。不管是以怎样的方式，最后都会落入人类的肚子里。你就安分点吧，蕾娜特。别把你的鼻子翘那么高，不然你就等着摔个四仰八叉，把它给摔断咯！"

番茄蕾娜特和番茄贝娅特不作声了，她们看着对方，紧张得不断眨着眼睛。

而土豆斯托弗则安心地看着农夫向它走来，下一刻，农夫就把它埋进了早就准备好的坑里，仔细地盖上了土。

到了冬天，农夫汉森家的餐桌上放着一盘香气扑鼻的烤土豆，边上还放着一瓶碾得细碎的番茄酱！

其他游戏方案： 可以把这个故事当作蔬菜剧来表演（见"蔬菜大汇总"章节）。

菜园种植小贴士

没有比种土豆更简单的啦：

- 在土里挖一个洞
- 把土豆放进洞里
- 填上洞
- 让土豆自己生长。

再耐心等几个月。如果能有时间培土，再松松土，就会有很多胖嘟嘟的小土豆长出来，这是劳动的报酬。

而这一切只需要阳台和一个大花盆就够啦。

种一种

埋土豆

没有比这个游戏更能让孩子们认识到土豆的生长了。

年龄：3 岁以上

材料：1 个发芽的土豆（作为种子的土豆往往要更小一些，芽眼也更多），1 个大花盆（跟清洁桶一般大小），花泥。

花盆里放入花泥，半满，把土豆埋进泥里。定期浇水。

等到嫩芽冒出泥土的时候，略加一些土上去。不断重复这个过程，直到桶里装满泥土。用这个方法可以让土豆结出更多的小土豆。

让土豆慢慢生长，期间保持土壤湿润。

等到土豆植株开花时，块茎就会快速膨大。

到土豆茎叶干枯时，孩子们就可以把此时已经成熟的土豆挖出来了。在鲜嫩的小土豆中间说不定还能找到已经枯萎的、灰褐色的土豆妈妈（至少是她留下的土豆皮）。

南瓜
一个充满惊喜的小脑袋

肥料堆里还有一小块空地方，对吗？那就太棒啦！

快点弄来一株南瓜，种入肥料堆里，一开始稍微浇点水，然后就可以看看、摸摸、闻闻、尝尝、做手工……因为南瓜可不只有在万圣节的时候才好玩哦！

通缉令

花：雌雄同株（雄花和雌花），黄色的漏斗形大花朵，花粉多。

果：浆果，内有种子，靠动物传播种子。

叶：锯齿形，粗糙，有叶卷须。

有何特殊之处？

● 热带植物（热带美洲）。
● 生长在我们这儿的植株长有较大的花粉粒（约0.2毫米）。
● 其浆果属于最大的果实之一。
● 需要温暖的环境。
● 生长快。

茎：多中空，长有毛刺，蔓生。

	四月	五月	六月	七月	八月	九月	十月
开花期							
成熟期							

热带攀缘植物

南瓜是源自美洲热带地区的一种攀缘植物。占领"新世界"的西班牙人也把南瓜带回到了欧洲。

南瓜长在地面上，有伏地或攀缘的卷须，卷须能向左或向右盘旋，达好几米长，同时长出不同的回旋。

南瓜植株茎上面生长着长长的毛刺，茎大多中空，内有特殊的汁液。南瓜的叶片大而且呈锯齿状，摸起来有一点刺手。南瓜会开出黄色的花朵，呈漏斗形，十分漂亮。

试一试 & 玩游戏
南瓜茎水管

几乎所有的南瓜茎都是中空的，里面的孔径和花园里常用的橡皮管差不多大。通过茎上浅绿甚至透明的淡绿色外皮，甚至还能看到里面的水在流动。

年龄： 3岁以上（和年长一些的孩子或成人一起）

材料： 中空的南瓜茎，修枝剪刀，洒水壶，桶，水，楼梯或平缓往下倾斜的坡地。

用花园修枝剪刀把南瓜茎剪成10～20厘米长的几截，把粗的一头和细的一头套起来连接在一起，然后把南瓜茎做成的水管放在楼梯或一段平缓下倾的坡地上，在下面一头放好用来接水的容器（比如桶）。

然后用洒水壶在上端灌水。

因为南瓜茎水管有点透明，孩子们能看到里面水的流向——如果用墨汁给水染色，能更清楚地看见水的流动。

试一试 & 看一看
吹泡泡

南瓜茎里面的汁水还能吹出五颜六色的泡泡哦！

年龄： 6岁以上

材料： 刚割下来的南瓜茎，一截直径约0.5毫米、没有打结、中空的草茎，水。

把新鲜南瓜茎里的汁水挤出来（会泛起泡沫），然后加入一点点水稀释。

把草茎的一头放进汁液里面浸一下。

然后小心地朝草茎的另一头吹气。

里面会吹出泡泡，在阳光下会像肥皂泡一样发光。

如果能在草茎里吸进更多的汁水，还可以吹出直径好几厘米大的大泡泡。

长瘤子的大怪物

最初的野生南瓜很苦，而且只有杏仁一般小，当时的土著居民们也许只会嗑嗑南瓜子。后来，他们开始种南瓜，期间只挑选最大、最不苦的果实里面的种子。因此，南瓜果实才会越来越大、越来越甜。

植物学上来看，南瓜是一种浆果，当然是一种十分巨大的浆果，因为南瓜可以长到50公斤重。还有些特殊的巨型南瓜品种，能达到100公斤或者更重，它们每天都要喝好几百升的水。吉尼斯世界纪录上，目前最重的是一个长在美国的南瓜，有477公斤重！但也有一些南瓜只有网球那么小。当然，还有其他处于这两者间、大小不等的南瓜。

品种更为丰富的是观赏南瓜，各种颜色和形状都有。南瓜皮也可能是皱巴巴的，可能长瘤子、有光滑的网状纹、有突起的条纹等。比如头巾南瓜中，球状的下半截就要比上半截小，而且颜色也不一样。南瓜的果肉会有各种不同的颜色（从白色到深橘黄色）和结构（比如意面南瓜里面看起来就像是一堆意大利面）。

猜一猜 & 玩游戏

触摸南瓜

在这个游戏环节可以感知到南瓜形状和表皮的多样性。

年龄： 4 岁以上

材料： 大约15种不同的观赏南瓜（形状、大小或表皮各不相同），用来绑住眼睛的布条，桌子。

游戏主持人把各种观赏南瓜放到一张桌子上，同时用特定描述词来介绍每个南瓜，比如：长瘤子的圆球、胖嘟嘟的蛋、光滑的瓶子、大灯泡……

游戏主持人每次蒙住其中一个人的眼睛，其余人调换南瓜摆放的位置。

蒙上眼睛的人触摸各个南瓜后能够把所有的名称真正对上号吗？

看一看＆尝一尝

南瓜意大利面

另一种意大利面盛宴！可以像吃真正的意面那样用叉子把这种特殊的面条卷起来。

年龄： 6岁以上（依靠大人的帮助）

配料： 1个意大利面南瓜，黄油，盐，胡椒，火腿丝，巴尔玛干酪。

把水放入一口大锅中，整个意大利面南瓜放进去，煮大约45分钟。不要把水煮沸，不然薄薄的南瓜皮会破掉。

把南瓜从水里捞出来，纵向切开，去掉里面的南瓜子。

把切开的半个南瓜直接当作碗，在热乎乎的南瓜里面加入黄油融化，放盐调味，再撒上巴尔玛干酪和火腿丝。

最后用叉子把"意面"捞出来，小心地装到一个盘子里。

所有的东西都可以吃

有一句关于南瓜的意大利谚语："只剩下了茎，但它能被放进火炉当柴烧。"除了茎和枯老的叶子，南瓜身上的一切都能吃。它的橘黄色管状大花朵不仅养眼，如果在里面放上人人爱吃的配料，还能成为一道特色佳肴。

在饥荒时，南瓜的叶子还能像菠菜一样做菜吃，而南瓜皮晒干后，可以放进水里软化，然后在盐水里煮熟，和在面粉里烤着吃。

不过很早之前，南瓜主要是被当作饲料的。只有到了近代，才被做成精细的美食。

另外：好的南瓜生吃也很美味哦！

添入馅料的南瓜花

南瓜有雄花和雌花。雌花花柄较短，有一个圆圆的子房，子房里面最终会长出南瓜。而雄花花柄很长，可以放心地把它们摘下来，因为雄花反正结不出南瓜。不过为了授粉，一般也会留下一些雄花。

配料：南瓜花（主要是雄花），耐火的模具，3 汤匙的橄榄油，根据不同口味挑选的填塞物（火腿、肥肉、萨拉米、马苏里拉奶酪、金枪鱼、玉米……）。

摘下南瓜花（最好是刚摘下的花，如果花萼打开，更容易填充），将其洗净，因为花朵里面有可能藏着一些小虫子。随后填入自己喜欢的食物，加入油，然后放到一个耐火的模具里，在 180℃的烤箱里烤约 30 分钟。期间翻一次面。

烤南瓜花

香甜版

配料：12 朵南瓜花，2 个鸡蛋，40 克糖，1 撮盐，1/4 升牛奶，250 克面粉，煎烤用的油。

把花朵洗净，小心地晾干。

鸡蛋里放入糖和盐打发出泡沫，里面拌入牛奶和面粉。

把花放进面团里揉，然后放到热油里煎熟。

最后再撒上一些蔓越莓干。

打开南瓜

值得一看的南瓜奇景！

年龄：3 岁以上

材料：小南瓜，硬地面（最好是在室外）。

用刀把南瓜切开是件非常辛苦的事儿，因为它们的表皮大多很硬。

对儿童来说，最简便可行的操作办法是把南瓜在阳台或花园硬地面上摔一下，南瓜正好裂成两半。然后就能轻易地取出里面的籽了。

南瓜甜瓜

配料：1 只南瓜（硬南瓜、奶油南瓜……），黄油，枫糖，耐火的模具。

烤箱预热到 200℃。

期间把南瓜洗净，"摔下去"（见上），然后把分开的两半南瓜各切成大块。

南瓜块表皮部分朝下，放进耐火的模具里，放入烤箱，烤到果肉变软为止。

然后加入黄油和枫糖调味，接着就可以把它当甜瓜一样"啃着吃"了。

调味：南瓜块在放入烤箱之前刷上橄榄油，并加盐入味。

动动手 & 想一想

南瓜面具

发挥一点想象，就可以把厨余（剩菜等有机垃圾）做成神奇的东西！

年龄： 6 岁以上

材料： 南瓜的表皮部分，砧板，剪刀，儿童雕刻刀，橡皮筋，针。

把南瓜皮做成的面具改造成各种滑稽的形象。

● 用狭长的表皮部分做嘴巴，然后雕刻出各种恶狠狠、哀伤、调皮或讥笑的嘴型。

● 可以用"佐罗"面具部分做眼睛。

在面具的侧面钻好小孔，里面穿入橡皮筋，两边调节整齐。

也可以做一些装饰物：

在椭圆形的狭长表皮内侧用刀刻出叶脉形状——这就是漂亮的松针。

提示： 南瓜的表皮有软硬之分，具体要看是夏季、秋季还是冬季的品种。

表皮较软用剪刀也能刻，不过做出来的手工作品保存期很短。到了第二天就已经萎缩成奇怪的造型了！

表皮坚硬的艺术品则能保存很长时间，不过制作时需要十分小心，同时必须有锋利的切削刀具。

你这个南瓜脑袋

歌德曾在一部作品中写道："你觉得你凭什么能骂我，……你这个南瓜脑袋！"

南瓜这个词还有一层不怎么尊重人的意思。在奥地利，人们会把一个理解力有限的人叫作"南瓜头"，这也许是因为南瓜生长速度很快，导致它看起来臃肿笨拙。

动动手

南瓜脑袋

把南瓜做成笨拙可爱的东西是件非常好玩的事儿！

年龄： 4 岁以上

材料： 小圆南瓜，颜料，毛笔，天然材料（柔韧的树枝，青苔，果核，叶子，蜡菊），用剩的布料、毛毡、皮革，棉花，胶水。

可以把南瓜做成一个个笨拙可爱的南瓜脑袋，在脑袋上画出各种鬼脸，做出各种疯狂的发型和帽子。

做好的小南瓜可以用在"猜猜哪个南瓜脑袋"的游戏里。

南瓜库尼伯特之歌

（爱娃玛丽·塔费尔纳）

在一大片田野中央，
躺着南瓜英雄，库尼伯特。
他安静而又充满希望地
梦想着上天赐予的新生活。
他觉得自己丰满又圆实，
由外到内都异常壮实。
没有南瓜像他这般又胖又重，
巨大而又金光闪闪。
因此他觉得夜空中，
微笑着的金色月亮，
也不过是一个可爱友好的熟人。
他觉得自己就是月亮的亲戚。
库尼也想成为金色的圆月
从苍穹俯瞰一切。
他已经预见到自己在天上闪光，
愉快地朝着自己的女友克洛蒂尔德，
不断地眨着眼睛。
但她却对他的梦想一笑而过。
就像这世上所有的女人，
她明白他会留在这里。
但库尼伯特明白自己想要什么，
他认为很快就会实现这个目标。
夏天走了，雨水滴答，
秋天到了，雾气弥漫。
白日变短，黑夜变长。
于是有些南瓜就开始惴惴不安。

克洛蒂尔德预感到了即将到来的结局，
只有库尼伯特觉得这是个转机。
农夫已经开着车过来了，
要把南瓜运回家。
库尼，田里最漂亮的一个，
立刻就被摆在了窗台上。
这个可怜的呆瓜，人们在他脑袋上，
刻了一张月亮脸。
在他身体里放了一根蜡烛，
讽刺的是，他由此开始发光。
库尼伯特骄傲地站在窗台上
自视为第二个月亮，用光吓跑幽灵。
在被碾碎做成糊之前，
克洛蒂尔德还看了看他。
那时真正的月亮升了上来，
她看着库尼在那儿哭泣。

"我还有什么呢，我是个可怜的英雄，
这是克洛蒂尔德，是我的最爱！
在那绿色的田野里她是如此漂亮，
我活在这个世界上还有什么意义？"

要问我们能从这个故事里学到什么？
知足常乐，
不要白日做梦！

猜猜哪个南瓜脑袋

年龄： 4 岁以上
材料： 自制的南瓜脑袋。

把所有的南瓜脑袋排成一列。
一个人走出房间，游戏主持人在此期间调换两个南瓜脑袋的位置。
重新被叫进来的人必须找出哪两个南瓜脑袋的位置被换过了。
猜完之后，这个人可以选择下一个轮到谁玩。

循着油迹寻找绿色的黄金

大约 50 年前，所有的南瓜子都有一层壳。大概 1950 年前后出现了一种新品种，奥地利施蒂利亚油南瓜，这种南瓜子是没有壳的，取而代之的是一层银色的皮，这样一来人们就可以整粒地嚼食南瓜籽了，营养又美味。

此外，这种南瓜子含油量非常丰富。大约 2.5 公斤油南瓜子，就能榨取出一升的南瓜子油。油南瓜非常大，长有黄绿相间的条纹。等到九月份叶片和卷须枯萎之后，南瓜里面的籽就开始成熟了。到了十月中旬，就可以用机器全自动地收摘这些南瓜子，而果肉则被留在田里当作肥料。这种果肉吃起来寡淡无味，有很多纤维质。取出来的南瓜子会在机器里洗干净，然后在 50℃下烘干。

南瓜子会被碾碎、压实、焙炒，然后榨取出油。南瓜子油呈深绿色，有坚果的香味。

画一画 & 玩游戏

拯救南瓜子鱼

年龄： 5 岁以上

材料： 不同南瓜品种的南瓜子，防水的油墨毡笔，小容器。

准备

把南瓜子做成鱼的形状。因为其外形本就像鱼，只需要添上几笔就行：眼睛、鱼嘴、鳍和鳞片。

游戏过程

小鱼们被冲上了河岸。

要用食指尽可能快地把鱼弹回池塘里。

每个人分到大约 7 条鱼（鱼的数目可以根据人数改变）。

画上起点线，把池塘（容器）放到离起点线一定距离之外，每次距离都可以有所不同。

每个人都要试着尽可能快地用食指把自己的鱼弹回池塘里。

提示： 也可以自己从成熟的南瓜里取出南瓜子。把南瓜子冲洗干净，晾干，然后保存在阴凉干燥的地方。每一种南瓜都有自己不同形状的籽。比如天鹅颈南瓜的籽，其形状就非常像鲸鱼。

南瓜鱼

嗑瓜子的吧台

嗑不同口味的南瓜子是一种美味的享受！

配料： 没有壳的绿色南瓜子，南瓜子油，盐，不同的调料（胡椒粉、研碎的巴尔玛干酪、肉桂砂糖、香草糖、巧克力颗粒等）。

把南瓜子放在铺有烘焙纸的烤盘上，撒上盐，刷上南瓜子油，在 200℃ 的烤箱中烘烤约 20 分钟，期间多次颠晃烤盘。

等到南瓜子呈黄褐色时拿出来，放入胡椒粉、巴尔玛干酪等调料，然后一起翻动。不要立刻将其冷却，以便让调料更好地粘附在南瓜籽上。

焦糖南瓜子

这样的南瓜子看起来就像被涂上了一层褐色的清漆——异常漂亮！

配料： 绿色（无壳）南瓜子，以及同等分量的砂糖。

把砂糖放进平底锅内融化，直至略显褐色为止。

把平底锅拿离灶台，锅内放入南瓜子。

把黏糊糊的一摊倒到烘焙纸上，等冷却后掰成或切成小块。

南瓜子酱涂层

异常简单，而且会呈现漂亮的绿色！

配料： 4 汤匙碾碎的南瓜子，4 汤匙南瓜子油，1 小包奶酪，1 汤匙奶油，盐。

把奶酪、奶油、油和调料混合拌匀。最后加入碾碎的南瓜子拌匀。如果把拌好的酱涂在黑面包上，吃起来很美味！

南瓜子油魔法

有时候最简单的办法才是最棒的！

年龄： 5 岁以上

材料： 2 块白色的布料，南瓜子油。

在每块白色的布上都滴上几滴南瓜子油。把其中一块晾在太阳底下，另一块用水清洗。

发生了什么？

● 用水洗过的布上留下了难看的灰褐色污点。

● 没过几个小时，晒在太阳下的布面上，整个污点消失了。

这可真是个神奇的魔法！

南瓜子油的大理石花纹

在南瓜汤里轻轻搅拌一下，南瓜子油就会形成一道道漂亮的金绿色大理石花纹，把它们印到纸张上，就能做出特殊的礼品纸。

年龄： 6 岁以上

材料： 平底大水碗（烤盘），小碗（用来混合材料），南瓜子油，颜料，毛笔，水，纸（最好是大张的纸），报纸，木板。

用毛笔在小碗里把绘画颜料和南瓜子油混合搅拌在一起（50：50），一点点就足够了。

大碗里放入水，用毛笔蘸取一些油和颜料的混合物小心地放进水中拌匀。

慢慢地把一张纸平放在水面上，让其平漂在碗里。纸张在水面漂的时间越长，里面的大理石花纹就越明显。然后把纸张拿出来放在报纸上，在完全晾干之前压上一块木板，这样纸张就不会呈皱巴巴的波浪状。

只要放入不同的颜料，每次都能获得不同的大理石花纹。孩子们也可以同时混合两种颜料放进去。

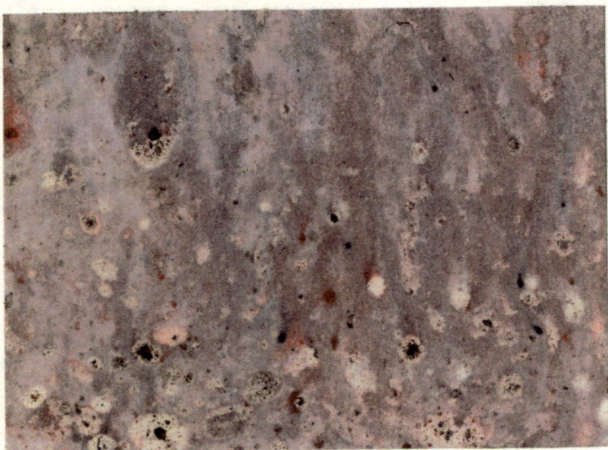

绿色的南瓜子油蛋糕

这是一个简单的南瓜子油蛋糕！

年龄： 5 岁以上

配料： 5 个鸡蛋，250 克糖，200 克面粉，半包小苏打，50 克捣碎的南瓜籽，1/8 升南瓜子油，1/8 升水。

鸡蛋和糖打发出泡沫。

慢慢地在打发好的蛋液里加入面粉、小苏打、南瓜子油和水，揉成一个绿色的面团。

把面团放到涂上油的模具里，撒上捣碎了的南瓜子，放进预热好的烤箱里，180℃下烤大约 1 小时。

可以和掼奶油以及肉桂砂糖南瓜子（第89 页）一起吃。

南瓜子油气球

绿色的水下小气球！

年龄： 4 岁以上

材料： 南瓜子油，玻璃杯，水，粗盐研磨器。

玻璃杯里放入水，再加入一些南瓜子油。因为南瓜子油比水轻，油层会漂在水面上。

把粗盐研磨器里的粗盐撒到玻璃杯里。

发生了什么？

● 盐粒（盐要比水重）裹着油滴一起沉了下去。

● 过不多久——等到盐在水中溶解之后，油滴又再次浮了上来。

然后再重新撒一些盐粒进去，这样一来，油滴就会始终像绿色的小气球一样沉下去再浮上来。

菜园种植小贴士

播下种子等待南瓜生长，也可以简单地从苗圃里买一株南瓜苗移植过来。用点小窍门，可以让种南瓜变得更简单：

- 南瓜在肥料堆里长得最好。一开始，南瓜会需要很多水，之后则需要很多养料（它们会从肥料堆里获得养料）以及足够的生长空间。如果条件适宜，南瓜植株每天能长高 14 厘米。

- 有些南瓜品种就算在花盆里也能长得很好，当然，不会像长在室外那样结很多果实。比如小果南瓜就是这种类型，特别是"扁圆南瓜"这一品种，其花和果实吃起来味道都特别棒。

- 南瓜生长需要足够的温度，如果气温长时间低于 10℃，南瓜就会被冻坏。因此，南瓜需要在五月上旬的冰神节过后才能播种。

- 有一句古老的印第安俗语说到，玉米、红花菜豆和南瓜如果长在一起，就能让彼此变得更强壮：玉米可以作为攀缘的支架，红花菜豆能用自己的根让泥土变得更松软肥沃，而南瓜则会用自己宽大的枝叶带来阴凉，由此保持土壤湿润。印第安人把这三种蔬菜比作相亲相爱的姐妹。

- 南瓜要在秋天第一次霜冻之前收摘，那时叶片都已经枯萎了。

- 有些南瓜品种可以一直保存到春天。冬南瓜的表皮很硬，而夏南瓜的表皮则很薄，籽也很软，它们的皮和籽都可以吃（比如意面南瓜）。观赏南瓜虽然很漂亮，但却不好吃，会有苦涩的味道。

种一种 & 动动手

南瓜雕刻

私人南瓜密信

年龄： 6 岁以上

材料： 南瓜植株，雕刻刀。

初夏南瓜处于生长期时，在果皮上刻字，伤疤会随着南瓜慢慢长大而变深，刻上去的名字或信息就会越来越明显。

大约两周后，刻上去的字就结成了疤，清晰可见。随后南瓜也能正常（挂在藤上）生长并成熟。

需要注意的是：

最好是用果皮光滑的南瓜。

南瓜必须挂在长势良好的藤上，同时表皮仍处于较柔软状态。

- 如果果实还太嫩，刻字会让它们受伤、腐烂。

- 如果果实已经熟透了，那就只能在表皮上留下些很浅的刻痕，以后这些字并不会"浮上来"。

玉米
踩着高跷的大型禾草

玉米植株是禾草的一种，只不过是长得特别高的草，确切地说，是草秆。

玉米不仅仅是猪饲料。不管是玉米植株、玉米棒，还是玉米粒，都能激发孩子们玩各种游戏，而且几乎都是免费材料。

此外还有一种让孩子们吃不够的甜玉米：谁啃过这种玉米棒子，都忘不了这种美妙的体验！

通缉令

花：雌雄同株（雄花和雌花）；雄花长在植株顶端，为圆锥花序；雌花侧生长在植株中部叶脉内，外有很大的苞叶（"玉米皮"）包裹住肉穗花序；风传花粉。

果：长着玉米颗粒的玉米棒（胚乳是其贮藏组织）。

叶：叶片扁平宽大，基部圆形呈耳状，中脉粗壮，边缘微粗糙。

有何特殊之处?

● 一年生高大草本植物。
● 古印第安人栽培的植物，由哥伦布将其带到欧洲。
● 玉米品种多样，比如有饲料玉米、甜玉米等。

茎：茎秆高大需要通过从地上茎节长出的节根（支持根）来支撑（与红树类似）。

开花期							
成熟期							
四月	五月	六月	七月	八月	九月	十月	十一月

大型禾草

玉米植株比较高大。那么，又长又细的玉米茎秆如何能在地面上站稳而不被大风吹倒呢？

其中的原因一方面是茎秆内充满了浓稠的汁液，它能让玉米茎更加牢固。而另一方面，玉米植株的根是一种支持根，看起来就像蜘蛛一样，朝四面八方伸展的根须会把玉米茎秆固定在土壤里。就算是成人也很难一个人把一株成熟的玉米拔起来。

玉米田长满高大密实的玉米植株，如果身处其中，很容易迷路。有一些玉米田是故意被栽种成迷宫的样子用来迷惑人的。

动动手 & 玩游戏

玉米游戏棒

高大的禾草做成的大型玩具

年龄：4 岁以上

材料：玉米秸秆，3 支防水的粗铅笔或颜料（蓝色、黄色、红色）。

把玉米秸秆上的叶片撕下来，游戏主持人把秸秆砍成几截，每截 40 ～ 50 厘米长。因为玉米秸秆越往上就长得越细，这就形成了粗细不一的天然游戏棒。秸秆越细，就越容易拿起来，所以在游戏中的分值也就越低。

根据秸秆的粗细程度将其分为三组，在每根上画好不同颜色的条纹：

- 在最细的秸秆组中，每一根上面画两条蓝色条纹，表示两分。
- 中等粗细的秸秆组中，每一根上面画三条黄色条纹，表示三分。
- 最粗的秸秆组中，每一根上面画六条红色条纹，表示六分。

提示：经典的游戏棒玩法需要 41 根细棍，不过孩子们玩的时候游戏棒数量可以少一些。对较小的孩子来说，这种玉米秸秆做成的游戏棒要比原版的更容易"拿"。

游戏开始：

一个人把已经画好的游戏棒握成一把，直立起来，然后"像真的游戏棒那样"撒开。

现在大家挨个来玩：每个孩子都要小心地拿起一根根游戏棒，同时不可以触动别的游戏棒，一旦碰触到，就必须把它放回到原来的位置，然后轮到下一个继续游戏。

最后拿到游戏棒总分值最高的就是胜利者。

个性化的玉米秸秆笔

年龄： 4 岁以上

材料： 几截新鲜的粗玉米秸秆（约 20 厘米长），防水的油墨毡笔，蜡笔或铅笔。

在秸秆中心装进去一支笔，直到最后只露出笔尖为止。需要保证秸秆是新鲜的，一旦秸秆内芯部分变干，就无法把笔装进去了。

秸秆上写好自己的名字，然后做一些装饰，一支个性化的玉米秸秆笔就诞生了。

迷你玉米迷宫

小矮人的迷宫

年龄： 5 岁以上

材料： 玉米颗粒，能自己变硬的黏土或石膏粉，也可以用到胡萝卜做的小老鼠（见第 58 页）。

先在纸上设计一个迷宫——可以根据某个模板，或者自己构想的模型。

用黏土做一块平板（或者把石膏粉加水搅拌均匀后将其倒到一块平板上），然后根据设计好的迷宫模型把玉米颗粒摁进去。

胡萝卜做成的小老鼠能找到出口吗？

迷你支持根

这个游戏环节以微缩版的形式展示了玉米植株牢牢扎根的能力。

年龄： 6 岁以上

材料： 成熟的玉米粒，放有鹅卵石的盘子，水。

把鹅卵石放进盘子里，上面再放一些玉米粒，然后加入水，要能浸湿玉米，但不能让其漂浮在水里。在接下来的日子中持续浇水。

发生了什么？

- 几天之后，玉米粒就发芽了，朝各个方向长出了须根。
- 一周之后，这些支持根就明显可见了，而且往往是呈交叉叠加的两丛。同时玉米植株的须根还穿透了鹅卵石缝隙。

观察玉米植株是如何在这么一个"参差不平"的地面上保持牢固稳定的。

绝妙的玉米棒

和别的禾草类植物一样，玉米也会开花，这种花在禾草中被称作穗。玉米的花穗有雌雄之分。雄花生长在植株顶端，看起来就像谷穗，而长在其下侧的雌花最后则会结出玉米棒。

每一根玉米棒外面都包裹着苞叶，也就是俗称的"玉米皮"，这是非常棒的手工材料。很早以前，甚至如今，有些地区的人们还会用玉米皮来裹雪茄。

玉米棒除了可以喂猪之外，还是淀粉的重要来源——作为广受欢迎的游戏和手工材料，还可以充分激发孩子们的想象力。

不过，甜玉米的糖分不会转化成淀粉，而是不断积累。甜玉米棒一般在尚未完全成熟的时候就会被掰下来食用，味道特别甜。

动动手 & 想一想

玉米皮及其朋友们

发挥想象，可以把玉米皮，也就是玉米棒的苞叶，做成各种好玩的艺术品。

年龄： 6 岁以上

材料： 玉米棒苞叶，玉米须，玉米颗粒，烤串用长竹签，树木的韧皮部，棉花，剪刀，胶水。

提示： 如果制作时苞叶已经干硬了，可以用湿布将其裹住，这样苞叶又会恢复弹性。

用层层叠加的苞叶做出各种脑袋形状，里面塞满棉花，再用苞叶裹住，然后把部分苞叶捆成手和脚的形状。

通过填塞、捆绑、拼插或粘贴，借助一些装饰物（玉米须做成的头发、女巫的扫帚、翅膀、鱼鳍、风帽……），就可以用"玉米皮"做成蝴蝶、天使、女巫、稻草人、鱼等玉米小玩偶。

玉米棒投掷

该游戏可以试验一下玉米棒良好的飞行性能。

年龄： 6 岁以上

材料： 苞叶外裹的玉米棒。

每个人都拿到一根玉米棒，把上面的苞叶往下剥。——飞行器做好啦！

玉米棒尖端朝前，像箭一样向前飞射。

建议： 以防进行掷远比赛时搞混各自的玉米棒，可以让他们在上面"永久留下"自己的名字或某种图案，只要把玉米棒上的一些玉米粒（按照个人名字的写法）挖下来就行——这是一种凹形马赛克！

彼此相隔一定距离排成一排，听到指令之后把玉米箭扔出去。看看哪个飞的最远。

其他游戏方案

确定起点线和终点线。孩子们同时开始游戏。把玉米棒扔出去之后，走到中途的降落场，再重新开始游戏……看谁最先能够把飞行器投到目的地。

玉米棒艺术

不用花费太多时间就可以把玉米棒做成各种人物、动物和交通工具，而且这些作品能持久保持。

年龄： 3 岁以上

材料： 刚掰下来的成熟饲料玉米棒，牙签，防水的油墨毡笔或颜料，胶水，烤串用长竹签。

提示： 玉米棒必须是刚从田里掰下来的，一周之后，这些玉米棒，包括上面的玉米粒，就会变得很硬，很难再对其进行加工制作。

玉米棒交通工具

跑车、螺旋桨飞机、火箭和船的基本外形轮廓与玉米棒类似。

比如只需要改变一些小地方，就可以做出一枚逼真的火箭：玉米棒粗大的一头插入四根长竹签，同时，在这一头粘贴一些玉米须（当作火箭发射时喷出的烟雾）。三岁的小孩子也能做这些手工环节！做一艘玉米帆船的过程也与之类似，非常简单，用苞叶做船帆就行。

在制作玉米飞机和跑车时，孩子们还需要用到一些玉米粒和牙签，这些可以组合起来做成乘客和轮子。

玉米飞机

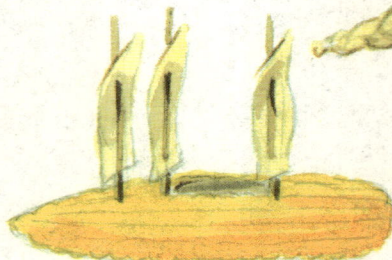

玉米帆船

玉米皮皮

玉米火箭

玉米跑车

玉米棒动物

只要有人事先把玉米棒横向切成两半,小孩子也能轻而易举地用它做出一条**墨鱼**。

在半个玉米棒中,粗端一头当作墨鱼的身体,同时把外面的苞叶撕成条状散开,变成墨鱼触手,再给墨鱼画上脸蛋。

而另外有尖端的半个玉米棒则可以做小矮人的身体(见下文"玉米棒人物")。

同样也能很快地做出一只**小兔子**:把苞叶分成两份,往上拉,绑起来变成兔耳朵,画上兔子的脸蛋,散落的苞叶涂成绿色,割成一块块草坪形状,然后粘贴在玉米棒的另一头(粗端部分需要稍微切短一些,这样兔子才能站稳)。

玉米棒人物

国王、女王、女巫、皮皮、印第安人、格雷特、小矮人、卡斯帕尔……只要借助简单的材料,就可以用玉米棒做出整部木偶剧的人物。

通过不同的制作方式

● 苞叶(编织、分成两半、直放、切割……)

● 玉米须(贴在其他地方,编织,摘下来……)

● 画上不同的脸蛋,加上各种装饰物(项链、纽扣、头巾、大衣、烟斗……)

可以做出各种好玩的人物造型。

可以把牙签和玉米粒插上去当作手和脚。

双头人也特别好玩:尖端部分的人物和粗端部分的人物是不一样的!

尝一尝

疯狂的玉米棒

萨尔瓦多的每一次节日上都有这种"疯狂的玉米棒",甚至连每个周日的教堂前都有。"疯狂"可能指的是当地的这种玉米棒异常好吃,导致人们吃起来就没完没了,很疯狂!

配料:甜玉米棒(至少每人一根),削尖的柳枝或榛树枝,黄油,大蒜,盐,磨碎的硬奶酪。

把玉米棒放进加了盐的水里煮,直到其变软为止(可以用叉子戳一下试试)。

把玉米棒拿出来,一头或两头(这样可以轻松地转着吃)插上准备好的木签,按照个人口味加调料:抹上黄油,撒上盐,涂上捣碎的大蒜,撒上碾碎了的奶酪粒……然后就可以啃着吃啦!

玉米墨鱼

玉米兔子　　玉米小矮人　　玉米国王和女王　　双头人

为什么玉米会长胡须

（爱娃玛丽·塔费尔纳）

很久很久以前，有一头小公羊在一大片玉米田里迷路了。因为贪吃又好奇，它走进田里之后就越走越深，越走越远。

出现在它眼前的嫩叶一片比一片更美味，嫩草一丛比一丛更好吃，玉米棒也一个比一个更鲜嫩。它一边啃呀，拔呀，吃呀，根本没注意到自己该如何回去。

密密麻麻的一株株玉米包围着它，而且都长得比它更高。不管它怎么蹦，怎么跳，它都看不到远处的路。它想沿着自己的足迹往回走，可来时换了那么多条路，现在都找不到正确的方向了。

这会儿它还觉得有点好玩。可是慢慢地太阳下山了，而它又很怕黑。

更重要的是，迎面而来的一株株玉米看起来那么可怕。当然，它知道这些玉米不会扑过来吃了它。可这头小羊还是太嫩了，不知道如何面对真正的危险。

"你为什么仅仅为了吃到美食，就不顾后果地在陌生的田里走那么远呢，看吧，这是你的报应，你这头不知羞愧的公羊。"玉米们一直骂骂咧咧的。

这是干了什么事儿呀！小羊难过地站在田中央，孤孤单单的，此刻它特别想念自己的妈妈。

"你现在害怕啦！找不到回家的路啦！这是你咎由自取。你这头臭烘烘的公羊！还有你那讨厌的胡子！你别不相信，我们是绝对不会帮你的！"玉米们朝着它大喊，还把自己的玉米棒扔到它身上。

小公羊开始咩咩叫着呼喊自己的妈妈，在绝望中，它的叫声越来越响："妈妈，我迷路啦！我被困在玉米田里走不出去啦！"

然后，从很远的地方传来了一头老羊的咩咩叫声，听起来似乎是小羊呼喊时产生的回音。

玉米们还在不断地讥笑它，幸灾乐祸地认定就算它高喊，它的妈妈也找不到这儿。玉米们这回可弄错啦！公羊妈妈越走越近，越走越近，然后一下就跳到了这儿。

玉米们满怀敌意地看着它们俩，一点都没有为它们感到高兴。它们的玉米棒里尽藏着坏心肠，因此，作为对它们的惩罚，玉米们也长出了胡须。如果你们不相信的话，可以找一只玉米棒过来好好查看一下。

一种特殊的胡子

　　轻轻地剥开苞叶的尖端部分，可以看到每一根玉米棒上都长着很多玉米须，看起来就像是一把胡子。玉米长得越熟，玉米须就会越长，而且颜色也会变得不一样：一开始是浅绿、微红、红褐色，等到玉米棒干硬之后，则会变成黑色。

　　新鲜的玉米须闻起来还有浓浓的玉米棒香味，随着玉米日益成熟，须上的这种香味也会慢慢消失。

　　玉米须制成的茶可以治疗肾脏和膀胱疼痛。

想一想 & 玩游戏

玉米发型

　　古印第安人认为他们神圣的玉米女神正是用玉米须创造了人类浓密的头发。事实上确实可以用玉米须来做纯天然的发型。

　　年龄： 4 岁以上

　　材料： 最好是不同颜色的玉米须，剪刀，绳子，发夹，照相机。

　　分成理发师和顾客两组。一定时间之后互相交换角色。

　　理发师要向顾客提供不同颜色的假发（玉米须）做成的各种潮流发型：

- 扎成辫子、做成卷发或麻花辫的假发；
- 留到耳边的络腮胡；
- 假刘海；
- 一绺绺的彩色头发……

　　用绳子或发夹把假发固定在顾客头上，还可以拍几张照片呢！

其他游戏方案

玉米植株的发型

　　玉米植株本身也可以作为顾客。只不过这需要能够"任意使用"一小片玉米地。

　　年龄： 5 岁以上

　　地点： 玉米地

　　扮作理发师来到玉米田里，到顾客（也就是一株株玉米）的家里做"上门服务"。

　　玉米棒里露出来的玉米须就是服务对象。孩子们通过卷发、修剪、梳发髻或者绑扎等做出各种发型，再编成一股或多股辫子。这样就出现了各种新颖的玉米品种，比如所谓的"辫子玉米"……

　　发挥想象给这些玉米起各种名字，然后在上面挂上铭牌。

　　农民伯伯肯定会大吃一惊的！

玉米粒不仅仅是玉米粒

每只玉米棒上面都有无数粒玉米，玉米粒是谷物当中最大的种子颗粒。

等到苞叶变黄并绽开时，玉米粒才会真正成熟。植株上的玉米棒往下垂，玉米粒变得很硬，而且富有光泽的阶段被称作"完熟期"，这时候的玉米粒是最佳的手工材料。像印第安人玉米或者草莓玉米等特殊的观赏玉米品种则会长出各种不同颜色的玉米粒（红褐色、红色、黑色、蓝色、紫色、有斑点的……）。

玉米粒呈浅黄色，同时里面还含有一些汁液的时候（"乳熟期"），吃起来最美味，不过这只针对甜玉米，而不是饲料玉米！在此之前的阶段则被称作"形成期"，这时的玉米棒还很小，在这个阶段，就算是饲料玉米棒也可以直接拿来生吃，味道非常棒！

事实上，一株玉米会长出很多的种子。如果不去打理玉米田，熟透后掉下来的玉米种子会密密麻麻地落到地上，而长出来的新植株就会互相遮蔽，因为玉米粒会在几天之内发芽。所以，玉米每次都必须人为播种，不能任其自由生长。

动动手 & 画一画

玉米马赛克

玉米粒的形状就是理想的马赛克。

年龄：3岁以上

材料：彩色的玉米粒（最好是不同颜色的品种，比如印第安人玉米，草莓玉米，或者用颜料给玉米粒涂上不同的颜色），石膏粉，小纸盒（比如鞋盒盖子），也可以使用清漆。

设计出摆放玉米粒的方案并在一张纸上画出来。

设计好之后，把石膏粉加水搅拌均匀，然后倒到纸盒上。

依照之前自己设计的图案把玉米粒牢牢地摁进石膏糊里，每一粒之间要间隔几厘米。把石膏糊做的马赛克晾一夜，晾干之后从盒子里拿出来。然后用一块湿布把玉米粒上的石膏痕迹擦掉。

提示：上面刷上一层清漆能让马赛克保存更久。

黏土做成的"玉米下颚"：

把能自动变硬的黏土做成下颚，把金色的牙齿牢牢地摁进去，然后晾干。现在可以用这副漂亮的牙齿替代真牙来吃送到嘴里的美食啦！

玉米音乐

玉米粒里也藏着节奏和音乐！

年龄： 3 岁以上

鸭掌舞步

材料： 牙签，新鲜的玉米粒。

把牙签直直地插进平放着的玉米粒里面，这就是"鸭掌"。用两只这样的迷你小鸭掌就可以跳美妙的舞步啦！

玉米鼓

材料： 气球，干燥的玉米粒。

气球里装满玉米粒。

然后吹气球，不要吹太胖（不然就会爆开！），接着在气球颈部打好结。

现在游戏开始了：

用大拇指和食指紧紧地捏住气球打结部分，然后上下摇晃气球——里面会传来类似击鼓的声音。

建议： 如果长时间地保存这种玉米鼓，那么，气球会在此期间慢慢漏气，然后就变成了所谓的可塑玉米：气球软趴趴地紧贴在玉米粒上，可以把整个气球和里面的玉米粒任意捏成有趣的形状。

降雨器

材料： 干燥的玉米粒，牢固的长纸管，锤子，细钉子（长度要和纸管直径一致），剩余的皮料。

把钉子钉进纸管里，每颗钉子间隔 2 ～ 3 厘米，并且成螺旋状绕着纸管钉进去。

纸管的一头用钉子钉住一块坚实的皮料将管口封住，然后在管子里面放入玉米粒。

纸管的另一头用同样的方法封住。

现在游戏开始了：

慢慢上下晃动纸管，里面就会发出类似下小雨的声音。

钉子和玉米粒越多，雨声就能持续越久！

刮葫

材料： 剥去苞叶的玉米棒，结实的木槌。

玉米棒下端挖出一些玉米粒，做出一个把手以便用手握住。

用一把结实的木槌在玉米棒上来回刮动，就会发出"嚓嚓"的声音。

原始玉米

最初的玉米，也就是古印加人种植的原始玉米，来自中美洲。墨西哥人特别推崇玉米，因为这是他们最重要的食物。

墨西哥有一位玉米女神，为了纪念她，当地会举办玉米盛会。盛会期间他们会把玉米供奉在神庙里，制作玉米糕或玉米饼分发给民众。神庙前还会放上一块洒了玉米粉的垫子，这样就能留下玉米神到来时的足迹。女孩子们头上戴着玉米叶做成的花环跳舞，游行时还会依次传递玉米粉做成的神像，里面还加着人血。

最初是哥伦布把一些金色的玉米带到了西班牙，然后玉米就以油煎玉米饼（意大利）、玉米面糊（罗马尼亚）和煮玉米（巴尔干半岛）等形式慢慢传到了中欧。

尝一尝

玉米盛宴

烤玉米玩偶

配料： 200 克粗玉米粉，1 汤匙油，1 个鸡蛋，根据需要准备适量面粉，盐，玉米粒，巴尔玛干酪，黄油。

● 锅内放少许油，把粗玉米粒倒进去焙一下，直到散发香味为止（但不能焙成褐色！），然后加入 400 毫升水。略搅拌一下。

● 关上灶火，盖上锅盖，在灶台焖约 30 分钟。粗玉米粉在这半小时内会不断膨胀。

● 把玉米粉糊倒进一个拌面的碗里，加入一个鸡蛋，一汤匙盐以及些许面粉（根据鸡蛋大小）混合，把面团整成形。

● 面团捏成玩偶形状，摁进玉米粒做眼睛和嘴巴，刷上蛋液。最后在玉米玩偶的脑袋上覆盖一层巴尔玛奶酪做成的皮肤。

在烤箱里 200℃下烘烤 30 分钟。

玉米糕

简单容易，而且所有的孩子都喜欢吃！

配料： 1 个鸡蛋，250 毫升牛奶，50 克融化的黄油，半勺盐，2 汤匙糖，1 汤匙小苏打，100 克精细的黄色玉米粉，150 克小麦粉，黄油，蜂蜜。

把鸡蛋打进碗里，加入牛奶和黄油，搅拌均匀。

把其余干燥的配料放进另一只碗里，然后把液体混合物倒进去，搅拌一下。

把面团放进刷了油脂的烤盘上，200℃下烘烤约 25 分钟。

冷却一会儿之后，把烤好的玉米糕切成正方形，加上蜂蜜黄油（融化的黄油和同等分量的蜂蜜放一起搅拌均匀）会更好吃。

玉米饼（墨西哥玉米圆饼）

配料： 200 克玉米粉，250 克牛奶，2 个鸡蛋，煎饼用的油。

把所有的配料都混合在一起，搅拌成稠状面糊，让其泡涨一会。

平底锅内放入一汤匙的油，开始煎饼（与油煎饼类似）。

以上配料的分量可以做四张饼。

玉米饼上放上烤肉和切碎的蔬菜会更好吃，或者"单吃"也很美味。

动动手

玉米编织地毯

在该游戏中，孩子们可以像古印加人一样做编织物。

年龄： 7岁以上

材料： 玉米棒苞叶，布，水，用来染色的紫叶甘蓝、洋葱或菠菜汁，剪刀，粗织补针。

准备： 苞叶风干几天，直至其变成淡黄色。

在开始编织之前，用湿布包住苞叶，这样它们就会恢复弹性。然后把苞叶放进紫叶甘蓝、洋葱或菠菜汁中，将其染成淡青、褐色或黄绿色。用这样的苞叶做出来的地毯颜色才会更丰富。

把苞叶切成或撕成约两厘米宽的条状。

把第一条苞叶打成结，但不能拉得太紧，结的两头都绕向左边。第二个结要绕进第一个活结，同时把第一个活结中剩余的两头都绑进去，同样地，第二个结的两头也要绕向左边。以此类推，重复此动作，直到做出一个由很多小结组成的圆环。

第二步则需要用到织补针和一根用来穿线的苞叶条。把织补针扎进圆环其中两个结的接口处，然后把穿过圆环的苞叶条打成结，同时结的两头也要往左边绕，接着把另一根苞叶条穿进针里，在第一根的左边扎进去，把第一个结的两头绑进去打成第二个结。

以此类推，重复以上动作，螺旋形的地毯就会越编越大。把最后多出来的活结末端用针缝在地毯上。

编织过程需要一定的耐心，不过最后的成果却能保存很久，而且这也是一份漂亮的礼物。

编织出锅垫大小的垫子是很快的，不过要织出一块地毯则需要孩子们通力合作！

第一步：

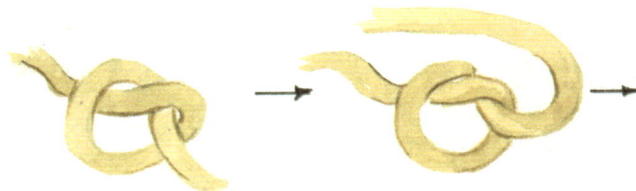

不要完全抽紧活结

把活结的两头都绕向左边

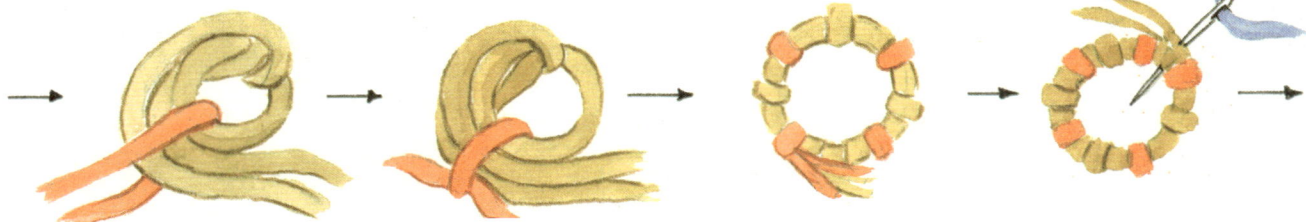

第二根苞叶条穿过第一个活结

打结之后再把两头都绕向左边

重复以上动作，直到打出一个圆环

第二步：

用织补针扎进圆环的两结接口处

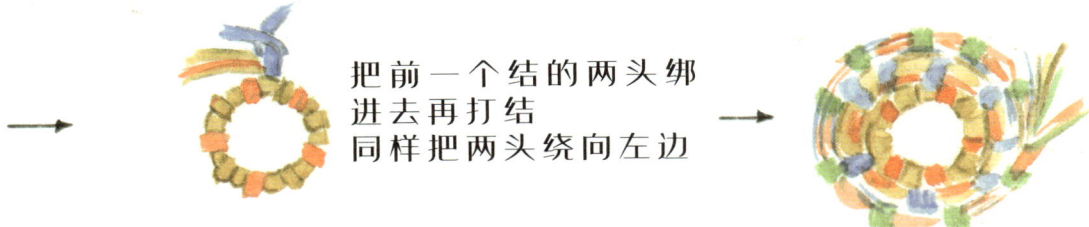

把前一个结的两头绑进去再打结同样把两头绕向左边

玉米粉追踪足迹

在这个游戏环节中，不是像玛雅人那样追踪神的足迹，而是寻找小伙伴们的足迹或者某些物体的痕迹。

这是年幼的小侦探也可以一起参与的游戏。

年龄： 3 岁以上

材料： 玉米粉，深色的衬垫（比如黑色的垃圾袋），也可以使用筛子，童鞋或能留下漂亮印痕的物体（比如橡皮动物、塑料小人，树叶和花朵等天然材料……）。

把所有的鞋子放成一堆，旁边铺好深色的衬垫，上面撒上或者用筛子筛上一层薄薄的玉米粉。

眼睛看别处（转过身）的时候，游戏主持人从鞋堆里拿出一只鞋子印下一个鞋印，然后马上拿起鞋子放回原处。

需要猜出这是谁的鞋子。

最快猜出来的侦探可以印下一个鞋印，也就是需要先把原来的鞋印擦掉，或者在上面再撒上一层玉米粉覆盖住，然后重新挑选一只鞋子印下鞋印，再不为人知地把鞋子快速放回去……

如果用橡皮小动物、塑料小人或天然材料来猜是哪个小东西留下的微小痕迹那就更好玩了。

是哪只动物或者哪个小人留下了自己的足迹呢？

菜园种植小贴士

种玉米需要一定的耐心：不能够太早播种，而且玉米棒要等到秋天才会完全成熟。如果做手工或游戏材料需要，直接从农民那里要一些饲料玉米棒会更简单。

一些特殊的玉米品种比较适合种在花园里：夏天就可以收摘的甜玉米、爆玉米花和观赏玉米（草莓玉米和印第安人玉米）的玉米粒则非常好玩。

如果能注意到以下事项，就能更好地种植这些特殊品种的玉米：

- 玉米植株非常不耐寒。只有在五月中旬之后才能开始播种，20℃是其发芽的最佳温度。
- 玉米喜欢和菜豆、南瓜种在一起。墨西哥人往往会把它们放在一块种。玉米秸秆同时还能当作另两种蔬菜的攀缘支架。
- 玉米播种得要稀疏，如果太密集，植株就会遏制彼此生长：两粒种子间最好间隔约40厘米，每颗深度约4厘米。因为玉米是靠风来传播花粉的，所以需要多播一些种子。
- 如果拥有充分的水和养料，七月份就能收摘甜玉米，八月开始就能收摘观赏玉米。

生菜、甘蓝和卷心菜
脆嫩爽口的叶球

卷心菜、甘蓝和生菜的叶片紧紧抱合在一起形成球状。对于好奇的孩子来说，这样的叶球都非常有趣：一种能染色，一种会让水滴像珍珠那样滴落下来，还有一种不仅好吃，可以做装饰，还会快速生长——什么？这该不会是弄错了吧？

通缉令

生菜

生菜：
叶：莲座状叶丛，叶片散开程度不一，不同的生菜品种叶片颜色不同。
茎：单生，直立。

成熟期						
开花期	在开花之前收摘					
	4月	5月	6月	7月	8月	9月	10月

有何特殊之处？

- 野生品种培植而来（莴苣属）。
- 温暖湿润、日照时间长的时候，生菜的花芽会疯狂地往上冒，整棵生菜也会"向上激射"（花：淡黄色菊科花序）（果实：结出伞状种子，靠风媒传播）。

甘蓝

甘蓝：
叶：莲座状叶丛，叶片有折痕，散叶式抱合，叶片不吸水。
茎：单生，直立。

成熟期						
开花期	在开花之前收摘					
	4月	5月	6月	7月	8月	9月	10月

有何特殊之处？

- 最初是生长在赫尔戈兰岛海岸的野生品种。
- 花：淡黄色总状花序。
- 果实：长角果，成熟开裂后传播种子。

卷心菜

卷心菜：
叶：莲座状叶丛，叶片（直到顶部）紧密抱合，根据不同的品种，卷心菜叶片分别呈绿色或紫红色。
茎：单生，直立。

成熟期						
开花期	在开花之前收摘					
	4月	5月	6月	7月	8月	9月	10月

有何特殊之处？

- 花：黄色的总状花序。
- 果实：长角果，成熟开裂后传播种子。
- 根据酸性程度不同，紫甘蓝的叶片颜色会有所不同。

莴苣指南针

生菜最初的形态应该是野生莴苣或指向莴苣。虽然这种莴苣不能食用，但却是一种独特的植物，它们能够在杂草丛生的干燥环境中生存。指向莴苣的叶面朝东西方向舒展，而叶边缘则是朝向南北。这样一来，正午强烈的阳光就不会将其晒伤，同时它们又能以最佳方式吸收早晨和傍晚的阳光。这种指向莴苣能像指南针一样指示方向。

指向莴苣

东
北　南
西

侧面的叶边缘指向北方或南方

叶面朝向东方或西方

磁铁

东
北　南
西

看一看

内嵌式指南针

在该游戏中可以观察到大自然的一种绝妙保护装置。

年龄：6 岁以上

材料：野外的指向莴苣（街角，街边或路沿，墙角），指南针。

在晴朗的日子里寻找指向莴苣并进行仔细观察。

把叶面和叶边缘的位置同指南针或者太阳的方位进行比较：叶片不是平面向着太阳，而是以叶边缘向上。这种与地面垂直的叶子，大致按南北方向排列，好似指南针指着南北。

试一试

指南叶片

年龄：4 岁以上

材料：生菜叶片（能浮在水面上），强磁块，粗的缝纫针，装有水的大盆。

拿一块磁性尽可能强的磁铁块纵向紧贴着缝纫针（铁！），始终朝同一方向摩擦——就像抚摸小猫一样，并且绕一条很远的弧线把磁铁块再绕回来重新开始摩擦。最好是对缝纫针进行径向充磁。这样一来，缝纫针就变成了一枚磁针。

把针放在水盆里的一艘小船（生菜叶片）上。

发生了什么？

不一会儿（大概一分钟之后），缝纫针在地球磁场作用下就指向了南北方向。

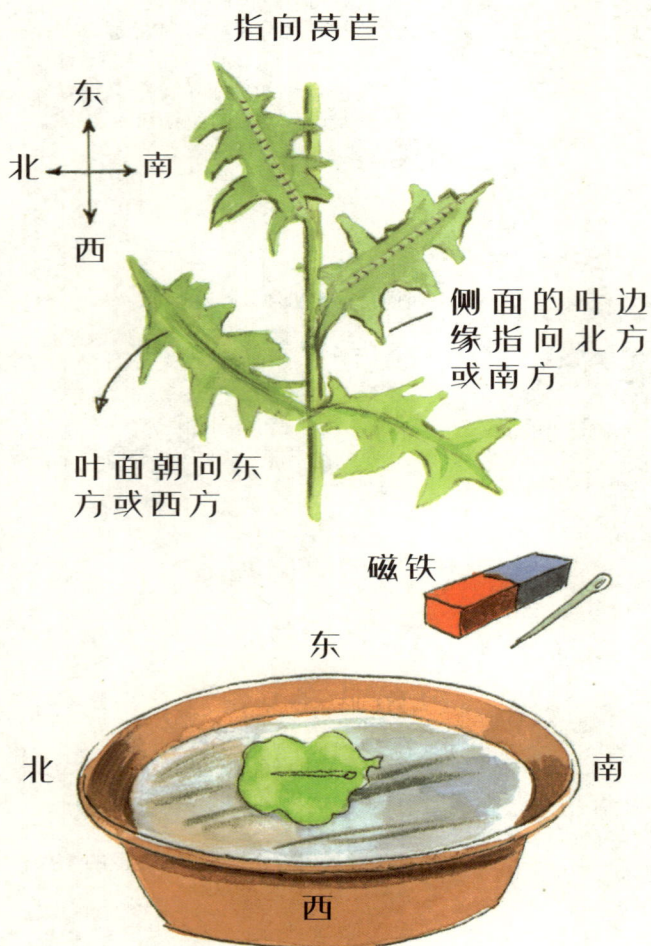

生菜会射击

（爱娃玛丽·塔费尔纳）

薇欧拉和妈妈一起去农场买蔬菜。迈耶尔太太一边把胡萝卜、香芹、芹菜和洋白菜装进纸袋里，一边抱怨着今年的天气。

"真是令人绝望啊！春天冷了那么长时间，接着就下了好几个礼拜的雨，紧接着又是干旱。我们根本顾不了好好灌溉。这些蔬菜也变得不正常了。一会儿爬蜗牛，一会儿长蚜虫，现在连生菜也开始射击了。我真是一点儿都不想去田里了。"

薇欧拉听得很仔细，她那双又大又圆的眼睛胆怯地盯着妈妈。"希望她今天可别买生菜，"她心里想着，"因为它们会射击，那样我们就都死啦！"

她拉了拉妈妈的手，这表示她想要走了。可妈妈没有听薇欧拉的要求，她点点头表示赞同可怜的迈耶尔太太，"是啊，这种坏天气！"

在回家的路上，她们俩正好经过一大片生菜田。薇欧拉拒绝再往前走一步。

"你又怎么了，薇欧拉，我再也不会带你一块儿去买东西了。"妈妈生气地说。

"可是妈妈，那位太太说生菜开始射击了，因为它们觉得不适应。如果它正好射到我们身上，我们不就死了吗？"

听了这话，妈妈笑出了声，薇欧拉觉得自己很委屈，这不是明摆着的事儿嘛！

"哦，你这个胆小鬼！你没听明白！如果生菜没有结出小圆球，而是笔直往上疯长，就被称作'射击'。用不着害怕，这样的生菜一点都不危险。你现在安心了吧？"

薇欧拉疑惑地抬头看着妈妈。她该不该相信呢？

结球生菜

结球生菜在有些地区也被称作生菜球，这是大约公元1500年开始培育出来的品种。

结球生菜的叶片会被包成结实的圆球。厚实、充满光泽的叶片层层叠叠地紧挨在一起，能长时间地保持新鲜、脆嫩。

结球莴苣（也被称作散叶生菜或者结球生菜）最初形成的是散开状的莲座状叶丛，慢慢地，柔嫩的叶片层层相叠，长出了一个厚实牢固的叶球。叶球内部的叶片因为光照很少，所以颜色很浅，也更嫩，它们组成了很受欢迎的黄色菜心。

叶球中从外到内的维生素 C 含量也会渐次变化——会慢慢减少。

如果日照时间长，生菜就会开花，结出种子，以便繁殖（这是所有植物都会做的）。它会快速往上冒，也就是会向上疯长，长出约 1 米高的芽，上面披覆着鳞片状的小叶片，还有淡黄色的小花，结出的种子与蒲公英类似。

尝一尝 & 玩游戏

动物形状的生菜

为了对营养健康的维生素提供者表示感谢，特意做了动物形状的生菜用作观赏或品尝！

年龄： 5 岁以上

生菜猪

材料： 结球生菜（散叶生菜，紫叶生菜，罗莎生菜），调味用的丁香花干。

把整个结球生菜仔细清洗干净，甩干，底部朝外放置。

生菜底部可以当作猪鼻子——插入两片丁香花干做"鼻孔"。

同样插入两片丁香花干当作眼睛。

把其中两片叶子折起来做耳朵。

生菜品种不同，猪头的模样也会不一样。

猪头看起来很好玩，吃的时候却得把它"宰了"：把叶片撕下来，蘸一下调味汁再享受美味！

结球莴苣做成的生菜猪

散叶生菜做成的生菜猪

生菜天鹅

材料： 结球莴苣，豌豆，鸡尾酒番茄，玉米，马苏里拉奶酪，醋，油，盐，烤串用长竹签。

把结球莴苣外面的叶片小心地撕下来，摆放成天鹅身体的形状（像一个长盘）。

把内部剩下的叶片切成大块。

从其中挑出一块与天鹅头类似形状的叶片，插在长竹签上。

天鹅的身体里面加入结球莴苣、豌豆、玉米、鸡尾酒番茄、马苏里拉奶酪等组成的彩色混合色拉，再加入醋和油调味。

把长竹签插进身体里当作脖子。把天鹅摆放在盘子上。

建议： 如果把一大片叶子插在竹签上，就可以把它当作船帆插进"躯体"中间，这就变成了一艘生菜帆船！

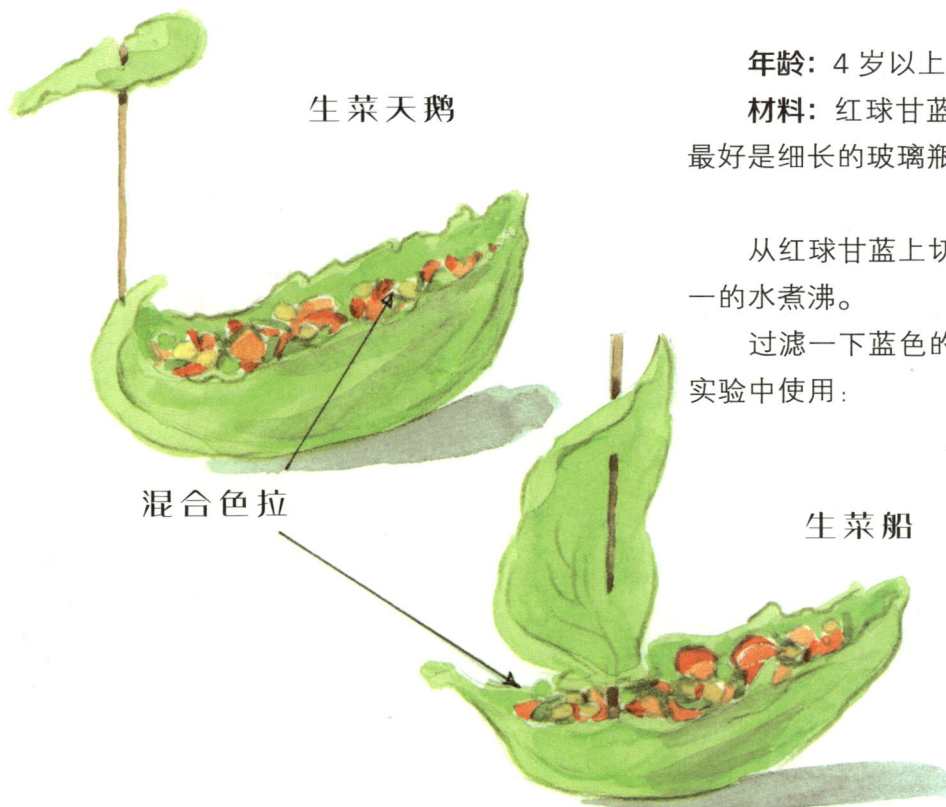

红球甘蓝还是紫叶甘蓝

红球甘蓝的叶子在蒸过之后颜色会特别漂亮。

但最奇妙的是，红球甘蓝中的色素会有跟石蕊试纸一样的反应：在酸性环境下是红色，中性环境下蓝紫色，碱性环境下青绿色。为了能让红球甘蓝始终保持红色，往往会把它和苹果放在一起做菜。苹果中的酸性能让其保持红色。在别的地区，红球甘蓝也被称作紫叶甘蓝，在其中加入糖之后，甘蓝的颜色就能保持蓝紫色。

田里的红球甘蓝叶颜色也会因土壤的酸碱性程度不一而显出从深紫到红色不等的颜色。

试一试&看一看

红球甘蓝的变色游戏

年龄： 4 岁以上（需要成人帮助）

材料： 红球甘蓝，水，醋精，小苏打粉，最好是细长的玻璃瓶。

从红球甘蓝上切下几片薄片，加入四分之一的水煮沸。

过滤一下蓝色的红球甘蓝汁，准备在以下实验中使用：

生菜天鹅

混合色拉

生菜船

红球甘蓝的魔术

这是一个简单却令人叫绝的魔术！

在魔术表演开始前准备好两只小玻璃瓶：
- 一只用水冲洗
- 另一只用醋精冲洗

现在开始在观众面前表演：

两只瓶子里倒入（使用漏斗）红球甘蓝汁。

同时轻轻地咕哝一句神秘的咒语，这样整个魔术表演才会更令人印象深刻：

"苍蝇粪，蛇便便，这只瓶子变红色！断肠草，孩儿草，这只瓶子还是蓝色！"

发生了什么？

"酸性"的瓶子就像被一只神秘的手染成了红色，而另一只瓶子里则仍旧是蓝色。

变色玻璃瓶

更多的颜色！

准备 5 ～ 10 只玻璃瓶，里面倒入一些红球甘蓝汁。

现在可以开始玩颜色游戏了：

- 醋精是一种酸性物质，可以把红球甘蓝汁变成红色。
- 酸性物质慢慢增加，颜色就会从蓝色过渡到紫色，最后变成红色，出现一系列神奇的变化。

- 小苏打是一种碱性物质，可以把蓝色的红球甘蓝汁变成青绿色。

不要把五颜六色的汁水倒掉，在下一个"巫婆的水壶"游戏中可以继续使用。

巫婆的水壶

沸腾的神秘魔水。

准备好一个大的容器，把所有上一游戏环节中玻璃瓶内的汁水都倒进去。

发生了什么？

酸性物质（醋）和碱性物质（小苏打）混合在一起后，产生了一种不断沸腾、冒泡的"神秘"紫色液体！

干净的绿色无头甘蓝

绿色无头甘蓝身上不会留下任何脏东西，它的叶片表面上有一种微小透明的蜡晶体，能让叶片上的水自动流下来，这种蜡质层使得无头甘蓝叶面粗糙不平且不吸水。水滴会一粒粒滚下来，同时带走叶面上的脏东西。这种蔬菜也因此能让自身免受灰尘和有害真菌、孢子的伤害。叶面上的脏污会立刻被雨水冲刷掉。

这种自我清洁的能力被称作莲花效应，因为最初是以莲花为研究对象发现这种特性的。旱金莲、楼斗菜的叶子，以及蜻蜓和蝴蝶的翅膀，都具备这种奇妙的能力。

试一试 & 看一看

自我清洁

不吸水和自我清洁现象是非常奇妙的！

年龄： 4 岁以上

材料： 绿色无头甘蓝（尽量新鲜），水，布，洗涤剂，面粉。

绿色无头甘蓝

不同的实验能更清楚地展现绿色无头甘蓝叶片的不吸水特性和自我清洁能力：

● 在绿色无头甘蓝的叶片上倒一些水：水立刻变成了大滴大滴的水珠，毫不停留地滚了下去。叶片表面仍旧是干燥的。

● 在叶片上撒一些面粉：倒上一些水后，滚落下去的水滴顺势带走了这些面粉。绿色无头甘蓝通过自己的蜡质层轻轻松松地就保持了表面的清洁。

● 磨破部分叶面，然后叶片就会吸收部分水：蜡质层被破坏之后，叶片会吸收一些水分，也无法把撒上去的面粉冲刷掉。

● 把加有洗涤剂的水倒到绿色无头甘蓝的叶面上：蜡质层在洗涤剂影响下会产生化学变化，叶片也会开始吸水。

水珠接力队

年龄：5 岁以上
材料：每个人一片新鲜的绿色无头甘蓝叶片，水，墨水。
地点：大房间或花园

分成两组，每组排成 10 米长的一队。每人拿到一片绿色无头甘蓝的叶片，每一队最前面的人手上的叶片碗里会得到一汤匙的水（已经加入了墨汁染色），水会变成一滴蓝色的水珠。

现在的游戏任务是尽快把这滴蓝色的水珠从一个人传递到另一个人，也就是从一片无头甘蓝叶做成的碗传递到另一个叶片碗里，直到传到最后一个人的碗内为止。

红球甘蓝的内部生命

从中间把红球甘蓝或洋白菜切开来看是一幅非常奇妙的景象。每一片叶片都紧紧地抱合在一起。植物学家们认为这种结球是叶芽，因为这些叶片不会再生长。

如果把红球甘蓝纵向切开，纵切面看起来就像是一棵树，上面长着密密实实的枝丫，特别是红球甘蓝因其从外到内的颜色从红色渐变为白色，看起来更加神奇。如果把红球横向切开，横切面看起来就像是一朵花瓣密实的玫瑰。

最快完成传递且至少还剩下一汤匙水的队伍获胜。

甘蓝树和甘蓝玫瑰

这是一个制作坚实印章的有趣游戏。
年龄：4 岁以上
材料：红球甘蓝或洋白菜，毛笔，各种水彩颜料，画纸（或者布料和能在布料上涂色的绘画颜料，素淡的礼品纸）。

准备：前一天晚上把红球甘蓝切成大约 1 厘米厚的薄片（印章）。横向切开的结球做成"玫瑰印章"，纵向切开的做成"树印章"。等到切片表面变干之后，盖章上面的纹路结构会更清晰。

用毛笔在切片上涂上颜色，然后印在纸上。
横切得到的印章会印出漂亮的**玫瑰花**，孩子们可以自己添上玫瑰的茎和叶片。
纵切得到的印章会印出灌木丛，树冠（可以再添上树干）或整个**森林**。另外：横切洋白菜得到的印章会印出完美的石松树冠。
印章的其中一部分还可以印出一些小**山丘**让树林生长。

建议：还可以把印章印在衣服（用能在布料上涂色的颜料）和礼品纸上。
提示：为了不浪费结球甘蓝，印章切片在用过之后可以把刷了颜色的一面切掉一部分，这样可以让几个人一起多次重复使用同一切片。

菜园种植小贴士

- 最简单的当然是直接从苗圃里买一些菜苗回来。如果是从种子开始栽种，会很辛苦，也挺无聊。而且菜苗也不贵。
- 把菜苗种在土质良好的花坛里，每株间距至少 30 厘米。
- 蜗牛特别喜欢吃生菜，因此早晚时分要仔细地把它们捉出来，扔到草坪上放生。
- 栽种时间不同，收割的时间也不同：比如三月份种下的甘蓝早在五月份就可以收割了，而夏天栽种的生菜则要到秋天才能收摘。
- 每次只需要种若干菜苗就可以了，尤其是生菜，种得太多最后会"泛滥"。
- 根据不同的品种和天气情况，栽种后一到两个月之后就可以收割了。
- 完熟的甘蓝品种必须要在真正变冷（霜冻）之前储存起来。作为冬季蔬菜，它们在潮湿凉爽的地下室内能保持较长时间的新鲜度。

种一种

伪盆栽

盆栽生菜——实用又漂亮！

年龄： 6 岁以上

材料： 罗莎生菜的幼苗，花盆（最好是种草莓的花盆），花泥。

把生菜幼苗种在花盆里，放到室外，保证足够的湿润度。

不久之后，花盆里就长出了有褶皱、红色边缘的漂亮叶片。草莓花盆里种上这种"生菜盆栽"会更好看。两个月之后，生菜就成熟了。

就算是在"射击"生长之后，这种生菜看起来仍旧非常奇特：像是一棵小树，同时还可以把它当作一束花。

番茄
疯狂的红果实

番茄是一种充满矛盾特性的果实：

一方面，它们喜欢高温，在温度适宜的情况下才会长出美味如"天堂之果"的果实。而且只需要一个小阳台就可以自己创造这种天堂乐园。

不过这种奇妙的番茄还有野性的另一面。人们称其为香味驱逐者、红色手榴弹、番茄血浆、杀人番茄……多么令人害怕呀！

通缉令

有何特殊之处？

- 同一植株上会同时出现花和果。
- 17 世纪从墨西哥传到欧洲。
- 温暖气候下发芽，不耐寒。

花： 黄色的钟形花，内有花粉，自花授粉以及通过黄蜂授粉。

叶： 羽状复叶，有刺鼻的芳香油味道。

果： 红色浆果，内含长有毛刺的种子，能促进消化，果实同时也是种子的携带传播者。

茎： 可以达到 1.5 米高。

	四月	五月	六月	七月	八月	九月	十月
开花期			■	■	■	■	■
成熟期				■	■	■	■

从番茄到绿色斑马

番茄是在 16 世纪从南美洲传到欧洲的。一开始它被认为是有毒的果实（事实上只有在尚未完全成熟的时候才有毒），同时因为其叶片会散发刺鼻气味，番茄最初就只作为一种观赏植物。

在不断的培植过程中，番茄的外形和颜色都发生了改变：越来越大，越来越红。因此，番茄又被称作"狼桃"，意思差不多就是"外表很漂亮，其实不实用。"

直到公元 1900 年之后，番茄才真正变成了经济作物。

如今，番茄的品种超过 600 种！它也不仅是红色和圆形的，也有黄色、褐色、绿色或橘黄色，内红外橘黄，甚至拥有彩色条纹的番茄。有些番茄表面有桃子一般的绒毛，有些像柿子椒一样呈长条状、又尖又小，也有一些外形像灯泡或柠檬。这些番茄的名字往往也非常好玩，比如"金块"——少籽的黄色樱桃番茄；"红色尼罗河"——椭圆形的埃及长番茄；"俄罗斯心脏"——淡紫色的心形番茄；"白雪公主"——象牙色的樱桃番茄；"齿轮"——有五个齿口的番茄；"绿色斑马"——有绿黄条纹的番茄。

番茄独木舟和芭比番茄

年龄： 6 岁以上
材料： 不同品种的番茄（鸡尾酒番茄，瓶形细长番茄……），牙签，小锯齿刀，砧板。

不同形状的番茄能够激发想象力，做出各种有创意的手工作品。番茄的外形决定了最后成品的样子，比如长条形的番茄最适合用来做独木舟或交通工具。多次尝试、拼插和切割之后就会有制作的创意了。

独木舟： 把一只长条形番茄挖出船形，把黄瓜和柿子椒的适当部位切成木凳和船桨的样子，用牙签插上去，再把几个小番茄（鸡尾酒番茄，"灯泡"番茄）拼插起来做成一个船手。

"芭比"： 半个长条形番茄以及两个番茄蒂拼在一起组成一个丰满的身体，用一个鸡尾酒番茄当作脑袋。然后用牙签把各部分拼插起来。

番茄籽刺猬

年龄： 6 岁以上
材料： 熟透了的番茄，可以密封的玻璃瓶，一些水，筛子，小纸袋。

取一个熟透的番茄，拿出里面的籽，把籽放进一个可以盖严实的玻璃瓶内。瓶子里加一些水，然后把玻璃瓶放在窗台上。不久，番茄籽就会开始发酵。

发酵之后（约1周），把籽拿出来冲洗一下，就会冲掉其表面原本又湿又滑、黏糊糊的一层东西。

接着把番茄籽放在一面筛子上冲洗，晾干后装进纸袋里备用。

手工制作： 番茄籽的外皮和外形看起来就像是一只只小刺猬，如果给它们画上小腿，就会变成小甲虫。还可以印上叶片、花朵和茎的形状，给小动物做一些房间和走廊。

什么是狼桃

（爱娃玛丽·塔费尔纳）

卡米拉很生气，非常非常生气。这种情况下她可不能和别人"好好相处"：她得避免这会儿和妹妹待在一起。

于是卡米拉坐在学校的长椅上，脸上一阵红一阵白。真卑鄙！她心里想着，人怎么能这么虚伪，这么卑鄙呢！西尔维娅原本一直表现得那么甜美可爱。甜得发腻！她竟然去老师那里告发别人。现在居然还告发了我！卡米拉在心里骂道。

卡米拉暗自思忖，西尔维娅看起来是很可爱，因此，人们才不相信她会在背后做这么可恶的事。我得想个法子发泄心里的怒火。想一个既不会伤害人，但又能报复西尔维娅所作所为的法子。

她想啊想啊……就在这时，西尔维娅一脸无辜地微笑着走过她身边。

卡米拉抓住了自己的机会，她同样一脸无辜地微笑着问西尔维娅："你知道什么是狼桃吗？"

西尔维娅诧异地看着她说："那是什么？"

这会儿卡米拉感到了胜利的喜悦。

"很早以前，绿番茄就被称作狼桃，因为它们外表看起来很漂亮，但味道却很可怕。外表很美，内心很恶心！你就是狼桃！"

现在她报复成功了！

播种：晾干后的番茄籽很快就会发芽。在一个盘子里放一些播种土，然后把番茄籽撒上去，上面盖上薄薄的一层土。大概 1 ~ 2 周之后，泥土里就会冒出第一轮子叶。等到植株稍微长大一些时，把它们移植到花盆里，就能长出番茄苗了。

刺鼻的绿叶

番茄植株的茎和绿叶因为含有芳香油物质，所以会散发出一种刺鼻的气味，特别是在触碰或摘下番茄叶片的时候，这种气味会更明显。蚊子一点都不喜欢这种味道。因此，在阳台或窗台上放一盆番茄，或者在厨房挂一束番茄叶子，都可以驱虫。

闻一闻 & 看一看

绿色的番茄颜料

番茄体内的绿色虽然气味刺鼻，但能用来染色。

年龄：6 岁以上

材料：新鲜（重要！）的番茄茎，剪刀，纸。

用剪刀把番茄茎剪成几段，把剪下来的茎侧面向下放在纸上摩擦，这样茎的外皮部分会被破坏掉，留下很浓的绿色汁液。用这种方法就可以用番茄体内的绿色汁液来写字或画画。

番茄星星印章

一枚纯天然的印章！

年龄： 5岁以上

材料： 番茄果实上刚摘下来的新鲜绿蒂（最好是鸡尾酒番茄），不同颜色的印泥，绘图纸。

把绿蒂从番茄上面掐下来，用大拇指和食指夹住拿好蒂的梗部，把这些"星星"摁进印泥里，然后拿出来印在纸上。

通过各种实验（比如盖印时中心或侧面部分压得重一些）就会印下像蝴蝶、小鸟、花朵或动物脚印等不同的图案。

这样就可以在纸上创作出不同主题的内容，比如雪中的足迹、动物脚印、蝴蝶飞舞的身影等等！

提示： 这种天然印章必须用新鲜的，刚从番茄植株上摘下绿蒂来。番茄摘下后搁置的时间一长，其蒂梗部就会变干、多孔，不再适合做印章。最漂亮最柔嫩的是鸡尾酒番茄的绿蒂。

用两根手指拿住此处，然后把"星星"摁进印泥里。

疯狂的番茄

番茄也有其野性疯狂的一面：恐怖片里的血一般都是番茄酱，而番茄酱的主要原材料就是番茄。在电影《杀人番茄》里面，人类几乎被番茄酱给消灭了！这当然是臆想。

不过，烤过的番茄真的会非常危险：被包裹在里面的高温液体处在高压下，只要轻轻弄破已经胀鼓鼓的表皮，里面的汁水就会像手榴弹一样喷溅到各个方向。

不过最疯狂的莫过于番茄大战，用的就是番茄：每年八月份的最后一个星期三，巴伦西亚（西班牙）附近的一座小城布尼奥尔就会举办番茄大战节日。当地居民往往在前一天就已经用巨大的塑料幕布围住了房子，以免其遭到破坏。第二天，超过140吨的番茄会被送进城免费供成千上万的当地居民和游客使用。烟花火箭炮宣告番茄大战的开始。在接下来的一小时内，人们可以肆意地到处乱扔番茄，直到另一个宣告大战结束的烟花火箭炮被点燃。

据称，当年有人在集市上唱歌，但是歌声非常难听，于是，周围的人就拿起番茄朝他扔去，想让他闭嘴，这就是番茄大战的起源。

尽管这个节日里用到的不过是浓稠的番茄汁，但看起来还是非常血腥：被染红的衣服，被番茄汁砸得通红的眼睛，街道全成了滑道——而所有一切都像泡过番茄酱澡。

试一试

切割番茄

切番茄，不过是用正确的工具！
年龄： 6 岁以上
材料： 色拉番茄，砧板，餐刀，锯齿刀。

首先用餐刀（也就是没有锯齿的）把番茄切成片，很快他们就会发现并不简单：番茄会滑走，压破，番茄汁也会溅出来。

然后再使用一把小锯齿刀，就可以轻轻松松地切开多汁果实的外皮了。

番茄蝴蝶

用掌握的"切割经验"来制作小艺术品。用锯齿刀把番茄切成薄片，再把番茄片对半切开。在切好的番茄片中，把一半的皮从果肉上剥开来，但不要用刀切。剥开的皮就成了蝴蝶的触角。把这样的两片番茄对放（有皮的部分）在一起，一只漂亮的蝴蝶就诞生了。

尝一尝

疯狂的番茄菜谱

"红色手榴弹"

配料： 若干番茄，香草盐，铝箔纸。

烤箱预热到 200℃，烤架上铺好铝箔纸。番茄上撒好香草盐，然后把整只番茄放到铝箔纸上。

放入烤箱，上层烤约 30 分钟。

小心： 用"非锯齿刀"吃的话，番茄就会变成手榴弹！

"电影里的血浆"

配料： 1 公斤番茄，1 个洋葱切成丁，一些大蒜，1 汤匙红糖，6 汤匙醋，1 茶匙盐，1 撮丁香粉，2 个红色柿子椒，6 粒胡椒子，1 片月桂叶，一些桂皮。

把所有的材料都混合在一起，在中温下煮 30 分钟。

放在筛子上过筛，然后再煮 20～30 分钟，直到变得黏稠为止。期间不断搅拌！

冷却后倒入玻璃瓶内。在冰箱里存放几天。

菜园种植小贴士

● 洋葱如果是从种子开始播种，就需要漫长的时间。更明智的当然是买些鳞茎，也就是播种一年后长出来的很小的洋葱（差不多和玻璃罐里的珠葱一样大）。秋天或春天的时候到处可以见到装在网兜里贩卖的鳞茎。

● 把鳞茎播种在自家花园里：把它直接埋在泥里，等它长到足够大为止。到了春天（三四月份），把鳞茎尖端朝上埋在松软肥沃的泥土里，每个间距 10 厘米，上面再覆盖些泥土。不久之后，绿色的洋葱叶就会从泥里冒出来。还有：据说满心怒气时种下去的洋葱会特别辣哦！

● 也有一些耐寒的洋葱品种，秋天时种下去，到了春天，就会从土里冒出嫩叶，如果在春天就收割这些洋葱的话，其绿叶也可以食用。

● 洋葱喜欢和胡萝卜、黄瓜、生菜和番茄为邻，不喜欢菜豆、豌豆和白菜。

● 过了夏天，洋葱会越长越大，到了秋天就已经大到可以挖出来吃了。这时候原本绿色的叶片多半已经变黄枯萎了，而且洋葱的地上部分几乎已经看不出来了。这时可以小心地用挖土的耙子把洋葱挖出来，然后把它们放在阳光下晒干。

● 洋葱要保存在凉爽通风的地方。如果太温暖的话，洋葱就会发芽或腐烂。

种一种 & 玩游戏

幸运洋葱

这是一个古老的预言游戏。

年龄： 6 岁以上

材料： 花坛里发芽的洋葱，剪刀。

修剪花坛里两株洋葱上面的绿叶，使其长度一致，然后确定这两株洋葱中哪一株代表着幸运，那一株代表着不幸。

在接下来的几天里就可以确定明年运势会怎么样。

如果幸运洋葱在修剪之后长得比另一株更高，明年就会是幸运的一年。如果另一株长得更高，那就不太可能走运了。

蔬菜大汇总
甘蓝 & 萝卜大杂烩

这一章里出现了大量的蔬菜，而且会调动所有的感官！一片种类繁多的菜园能让人们去闻、去享受、去听、去尝、去玩、去看、去猜谜、去绘画、去做手工、去感知并发挥想象力。

生的还是熟的？

寻找灵敏的小鼻子：煮熟的蔬菜闻起来和生的不一样吗？

年龄：3 岁以上

材料：不同的蔬菜各两份——一份生的，一份煮熟的，一样的无盖小罐子，黑色长筒袜，橡皮筋。

游戏主持人把煮熟的以及生的蔬菜都装进罐子里，在罐子底下写好字注明，罐子口上套好长筒袜并用橡皮筋绷住固定好。

每次让一个人来闻一下，猜猜罐子里是哪一种蔬菜？是生的还是熟的？

适合较小孩子的游戏版本

把煮熟的蔬菜排好，闻过后猜出相应的生蔬菜！

蔬菜染料

有些蔬菜被研碎、切碎（指尖会染上各种颜色）或者煮烂后，会析出色素。这种蔬菜汁色素可以用来做实验、绘画和玩游戏。

从下面这些蔬菜中可以提取出色素：

红球甘蓝 / 紫叶甘蓝：绿色—蓝色—红色（要看碱性还是酸性环境）

胡萝卜皮：橙黄色

菠菜叶：绿色

洋葱皮：米色到红褐色（要看是黄色洋葱还是红色洋葱）

红萝卜：粉红色到紫红色

改变颜色：明矾和钾碱会让颜色变深，柠檬和醋会让颜色变淡。

蔬菜汁色素

蔬菜汁色素是以下活动必需的基本原料。

材料：染色原料，刀，筛子。

把大块蔬菜切细或者刨成丝，每一升水中放入一把这样的"染色原料"——原料放得越多，颜色会越深。

小火煮一小时，冷却后过滤。

可以把沥出来的蔬菜汁色素当作水彩颜料，用来制作面团和粉笔，或者直接用手指来绘画。

蔬菜汁在冷藏情况下可以保存约一个礼拜。

水彩颜料

材料：蔬菜汁色素，毛笔或棉签，绘画纸。

用毛笔或棉签把冷却的蔬菜汁色素涂到纸上。

红球甘蓝的红色或蓝色汁液画到纸上之后几乎全都一致地变成了青绿色。

可塑面团

材料：100 克面粉，50 克盐，1 茶匙油，半茶匙明矾，1/8 升蔬菜汁色素。

把除了蔬菜汁色素之外的所有材料都混合在一起。蔬菜汁趁热倒入混合物搅拌并揉合。根据需要再加入面粉或水。把揉好的面团放入密封容器中冷却保存两个月。

特别是红球甘蓝和红萝卜能把面团染成深紫色或者深玫红色。

粉笔

材料：蔬菜汁色素，石膏粉，铝箔纸。

每两份石膏粉中加入一份蔬菜汁色素搅拌均匀，并放在铝箔纸上搓出粉笔形状。晾干。加入红球甘蓝和紫叶甘蓝染色后，几乎全都变成了青绿色（石膏是碱性的）。

手绘颜料

材料：蔬菜汁色素，玉米淀粉，纸（大张），梳子，毛笔，厚纸板，剪刀，蜂蜡或鞋油。

把蔬菜汁煮热，小心地不断加入玉米淀粉并搅拌均匀，直到形成布丁状可涂抹的稠糊（大约是半杯淀粉配三杯汁液）。

冷却后冷藏保存。

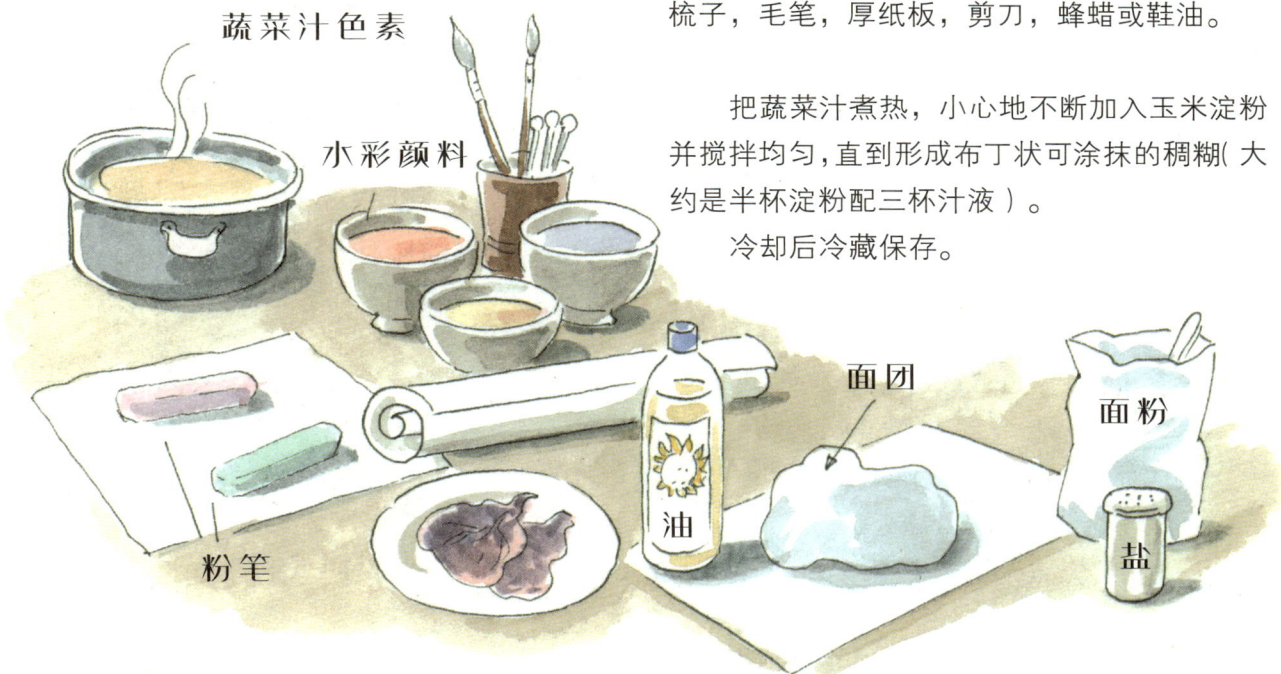

蔬菜汁色素

水彩颜料

粉笔

油

面团

面粉

盐

红萝卜和红球甘蓝 / 紫叶甘蓝染的颜色最深。

可以在以下各种活动中继续使用手绘颜料：

- 直接用手指在纸上画出各种充满想象力的画（从开满鲜花的草坪到极乐之地……）
- 用手掌或一把硬毛刷把颜料涂到整张纸上。
- 用毛笔、刮刀和梳子（也可以用厚纸板自制工具）镂出图案或印上手印。

完成的作品晾一天。接着把蜂蜡或鞋油刷在纸面上，并把纸搁在桌角处不断往各个方向拉升——纸张又会变得平整。

把作品包起来或者当作礼品纸。

有色鸡蛋

材料：红萝卜，菠菜和红球甘蓝汁色素，鸡蛋。

鸡蛋煮熟后浸入水中，剥皮，趁温热时放入蔬菜汁色素中浸泡。

菠菜汁中的鸡蛋会变成黄色，红萝卜汁里面的鸡蛋则是玫红色。若汁液里还有一些红萝卜渣剩下，鸡蛋表面会出现玫红色的斑点图案。

鸡蛋在汁液中浸泡的时间越长，颜色会越深（色调会从浅粉色变成紫色）。

浸在红球甘蓝汁中的鸡蛋会变成浅蓝色，加入一点醋则成了粉色。不过几分钟之后，这两种鸡蛋都会变成"变色蛋"：最后所有的"红球甘蓝鸡蛋"都会变成青绿色——碱性的蛋白起了反应。

把这些鸡蛋切成片看起来会更漂亮。

动动手 & 听一听 & 玩游戏

有品位的音乐

维也纳有一个蔬菜乐团，在音乐会期间，所有的乐器会被做成汤。这些蔬菜会给观众带来双重享受！

年龄：3 岁以上（制作过程中多数需要成人帮助）

材料：各种蔬菜品种，刀，冰淇淋勺，纸袋，不锈钢盆，砧板。

用以下蔬菜"制作"乐器，并组成乐队演奏音乐。演出结束之后，这些蔬菜就进了一口大汤锅！

西芹小手鼓 / 沙铃

用冰淇淋勺把不同大小的西芹挖空。把胡萝卜当作鼓棒敲击就能发出小手鼓那样的声音。

在挖空的西芹中放入几粒菜豆，摇晃后就会发出沙铃般的乐声。

茄子响板

西芹小手鼓

西芹沙铃

发出窸窣声的洋葱皮

南瓜鼓

黄瓜萨克斯

柿子椒喇叭

菜豆卡希希

茄子响板

茄子横切到叶蒂部。来回敲击切成两半的茄子就会发出钝钝的类似响板的声音。

窸窣作响的洋葱皮

把干燥的洋葱皮放进一个不锈钢盆里，用手来回搓发出窸窸窣窣的声音。

豌豆雨声

让豌豆落到一个"烤盘"上发出"击鼓"声。

黄瓜萨克斯

黄瓜（或胡瓜）纵向挖空，形成中空的管体。

把黄瓜管插入到柿子椒喇叭（同上面制作喇叭一样）上并朝里面唱歌。

菜豆卡希希

（南美洲的一种乐器，读作"卡希希"，一种编织摇铃）

把菜豆装进一个纸袋中，跟着节奏上下摇晃袋子。

玉米乐器

见上文"玉米音乐"（第97页）

南瓜鼓

取一个大南瓜，中间挖空，拿两根胡萝卜当作鼓槌。

用蔬菜乐器来进行听声猜谜

挑一个人，给他蒙上眼睛，同时演奏四五种（根据年龄）乐器。

想一想 & 玩游戏

蔬菜木偶剧

用各种异常形状的蔬菜做绝妙的人物造型！

年龄： 5岁以上

材料： 各种异常形状的蔬菜（分裂开叉的胡萝卜，有多个块茎组成的土豆，特别弯的黄瓜，干枯的西芹根……），烤串用的长竹签，儿童雕刻刀，砧板。

仔细观察这些蔬菜，把它们归类为某种特定人物造型，略微加工改造一下后插进长竹签里。

现在木偶剧开始了，也许可以表演"邻里之争"这一出（第75页）。

提示： 也可以参考上文章节"豆荚喙和其他"、"弯黄瓜艺术品"、"小南瓜"、"团块状的动物"、"玉米棒艺术"、"洋葱妇女和其他"

附　录
索　引

引用和延伸文献

Heide Bergmann, Ursel Bühring, Andrea Groß: „Kleine grüne Wunder. Mit Kindern die Natur entdecken" Verlag Herder, Freiburg im Breisgau 1996.

Joost Elffers: „DuMonts's bunter Gemüse-Zoo für vergnügte Köche", DuMont Buchverlag, Köln 1997

Uli Geißler, Birgit Rieger: „Das große Ravensburger Natur- Spielebuch", Ravensburger Buchverlag 2003

Hermann Krekeler, Marlies Rieper-Bastian: „Naturexperimente", Ravensburger Buchverlag 1996

Monika Harand-Krumbach: „Nur Natur – Ein Werk- und Aktionsbuch für alle Sinne" Zebold Verlag, München 1993.

Hansjörg Küster: „Wo der Pfeffer wächst" Ein Lexikon zur Kulturgeschichte der Gewürze, Verlag C.H. Beck 1987.

Hansjörg Küster, Ulrich Nefzger, Herman Seidl, Nicolette Waechter: „Korn – Kulturgeschichte des Getreides", Verlag Anton Pustet, Salzburg 1999

Sabine Latorre, Annerose Naber: „Kartoffel. Das kreative Sachbuch", ALS Verlag Dietzenbach 1996

Hans Jürgen Press: „Der Natur auf der Spur", Ravensburger Buchverlag 1996

Hans Jürgen Press: „Spiel das Wissen schafft", Ravensburger Buchverlag 1995

Gisela Preuschoff: „Mit Kindern achtsam durch das Jahr" Verlag Herder, Freiburg im Breisgau 1985.

Michael Schuyt, Joost Elffers: „DuMont's phantasievoller Ratgeber für vergnügte Köche", DuMont Buchverlag, Köln 1996

H. Steinecke, I. Meyer: „Kleine botanische Experimente" Verlag Harri Deutsch, Frankfurt a. M. 2005

Susanne Stöcklin-Meier: „Naturspielzeug", Ravensburger Buchverlag 1997

Anita van Saan (Hrsg.): „365 Experimente für jeden Tag", moses. Verlag 2002

（原版参考文献资料）